W0077873

Helmut Schmidt im Gespräch
Was wird aus Deutschland?

Helmut Schmidt
im Gespräch mit Eberhard Jäckel
und Edzard Reuter

Was wird aus Deutschland?

Deutsche Verlags-Anstalt
Stuttgart

Die Deutsche Bibliothek – CIP-Einheitsaufnahme

Schmidt, Helmut:
Was wird aus Deutschland?: Helmut Schmidt
im Gespräch mit Eberhard Jäckel und Edzard Reuter. –
Stuttgart : Deutsche Verlags-Anstalt, 1994
ISBN 3-421-06697-3
NE: Jäckel, Eberhard:; Reuter, Edzard:

© 1994 Deutsche Verlags-Anstalt GmbH, Stuttgart
Alle Rechte vorbehalten
Lektorat: Werner Wahls
Satz: Steffen Hahn GmbH, Kornwestheim
Druck und Bindearbeit: Franz Spiegel Buch GmbH, Ulm
Printed in Germany
ISBN 3-421-06697-3

Inhalt

Vorwort

Zweimal, im Dezember 1993 und einmal im Februar 1994, einmal in Hamburg und einmal in Stuttgart, haben sich drei Männer zusammengesetzt, ein Politiker, ein Unternehmer und ein Historiker, und haben jeweils einen ganzen Tag darüber geredet, was aus dem wiedervereinigten Deutschland werden wird, werden kann und werden soll. Die Mitschriften, die in diesem Buch vorgelegt werden, sind zwar durchgesehen worden. Aber der Charakter eines Gespräches blieb erhalten.

Der Historiker stellte die Ausgangsfrage. Doch verlief das Gespräch ganz anders, als er es sich vorgestellt hatte. Statt gemeinsam ein Szenario künftiger Chancen und Risiken zu entwerfen, beharrten die beiden anderen Partner darauf, daß die praktischen Probleme der Vereinigung viel wichtiger seien als eine umfassende Vision, und daß das Endergebnis nicht nur nicht im voraus festgelegt werden könne, sondern weithin von der Art und Weise bestimmt sein werde, in der die praktischen Fragen gelöst oder nicht gelöst werden würden.

So kommen bei gleichen politischen Grundüberzeugungen, berufsbedingt, unterschiedliche Grundeinstellungen zur Politik zum Ausdruck. Praktische Erfahrung widerstritt akademischer Theorie. Historische Lehren stießen sich an den realen Gegebenheiten. Die Anzahl der zu berücksichtigenden Faktoren erwies sich als zu groß für den Entwurf eines geschlossenen Weltbilds. Und doch kamen die drei Gesprächsteilnehmer sich am Ende wieder näher. Keiner leugnete gewisse Risiken, auch wenn sie sich nicht so namhaft machen ließen, wie der Historiker geglaubt hatte. Und alle stimmten darin überein, daß eine möglichst unumkehrbare europäische Integration im Interesse sowohl des eigenen Landes wie einer friedlichen Gesamtentwicklung läge.

Das Ergebnis mögen die Leser beurteilen. Nur eines werden sie dem Gespräch nicht vorwerfen können. Daß es betriebsblind sei. Daran hinderten sich die drei Partner fortwährend, auch der Politiker den Unternehmer und beide zusammen den Historiker. Man mag das eine Expertenrunde nennen, wenn man nicht übersieht, daß die Expertise aus drei verschiedenen Lebens- und Erfahrungswelten stammt. Das immerhin kommt nicht oft zusammen, und das mag den besonderen Reiz des Gesprächsbuches ausmachen.

Der Historiker, der den Anstoß gab, hat auch das Vorwort geschrieben, und deswegen darf er den beiden anderen, Helmut Schmidt und Edzard Reuter, für ihre engagierte Teilnahme danken und dem Verleger und seinen Mitarbeitern dafür, daß der Text so lesbar wurde, wie er ist.

Stuttgart, 1. August 1994   Eberhard Jäckel

Nationalismus: Sackgasse für Europa

Eberhard Jäckel:

Wenn wir fragen wollen, was aus Deutschland werden soll, dann kann es wohl ein Ausgangspunkt sein, daß Deutschland gegenwärtig nach der Vereinigung von 1990 eine Anpassungskrise durchmacht, und wenn das so ist, dann folgt daraus, daß sie irgendwann überwunden sein wird. Meine Frage ist: Was soll dann aus Deutschland werden? Dem Historiker fallen immer Präzedenzfälle ein. Natürlich sind das keine Parallelen und keine Prophetien. Es handelt sich nur um frühere Vorgänge, die für die Behandlung eines späteren, einigermaßen ähnlichen Falles als Muster dienen können. So versteht man den Begriff in der Rechtsprechung und in der Verwaltung, und so kann man ihn auch in der Politik verstehen. Präzedenzfälle sind in diesem Sinne einfach Erfahrungen, die genutzt werden können. Oder noch einfacher ausgedrückt: So wie wir alle, wenn wir klug sind, aus den Fehlern und Erfahrungen lernen, so können auch Gesellschaften aus den Fehlern und Erfahrungen der Vergangenheit lernen, und es ist die Aufgabe des Historikers, die Präzedenzfälle möglichst genau zu benennen und anzudeuten, wo sie als Muster dienen können und wo nicht.

Auch auf die erste Vereinigung von 1871 folgte eine Anpassungskrise, eine langanhaltende ökonomische Rezession, die später die Große Depression der Bismarckzeit genannt wurde, und dabei kam es zu mancherlei Unzuträglichkeiten in der Gesellschaft, zu organisiertem Antisemitismus, zum Kulturkampf und zu anderen Konflikten. Aber dann war diese Krise etwa um 1890 überwunden, und dann begann – das ist mein Ausgangspunkt – der Marsch in den Wilhelminismus, in den Imperialismus und den Ersten Weltkrieg. Kann dies, so frage ich, ein Präzedenzfall sein, der es uns, wenn wir langfristig denken, ermöglicht, ähnliche Risiken zu vermeiden?

Edzard Reuter:
Ich bin sehr damit einverstanden, daß wir, wenn wir über die Zukunft Deutschlands und der Deutschen in Europa, in der Welt nachdenken, auf historische Erfahrungen zurückgreifen sollten. Äußerst skeptisch bin ich dagegen, wenn es darum ginge, Elemente unserer Geschichte, unserer geschichtlichen Erfahrung sozusagen als Baustein zu nehmen, um jeweils aus ihnen zu lernen. Wohl ist wahr, daß wir uns auch nach meiner Auffassung in einer Krisensituation befinden, die ich allerdings nicht in dem gleichen Sinne als Anpassungskrise beschreiben würde wie die Krise der siebziger bis hinein in die neunziger Jahre des 19. Jahrhunderts.

Wir haben eine Krise, ganz sicher, aber sie ist anderer Natur. Und deswegen würde ich nicht dieselben Schlußfolgerungen daraus ziehen wollen. Wohl sehe auch ich die Gefahr, daß Deutschland in der Zukunft in die Versuchung geraten könnte, aus dem europäischen Konzert auszubrechen und sich auf einen eigenständigen Weg in Europa zu kaprizieren, sich auf die einstige Großmachtrolle wiederzubesinnen. Aber Vorsicht mit Schlußfolgerungen aus Einzelelementen der Geschichte. Ich wiederhole: Die Krise in diesen Jahren des 19. Jahrhunderts war eine fundamental andere als die Krise, die wir im Augenblick durchmachen.

Die Vereinigungskrise als Chance und Gefahr

Helmut Schmidt:

Ich folge Edzard Reuter prinzipiell. Aber ich möchte zurückkommen auf die einleitende Formulierung von Eberhard Jäkkel, die Vereinigungskrise Deutschlands würde irgendwann überwunden sein. Wenn sie überwunden sein wird, was wird dann die Position der Deutschen sein? Was wird sie sein sollen, was könnte sie – möglicherweise entgegen unseren Wünschen – auch sein? Und daran möchte ich anknüpfen: Es kommt auch sehr darauf an, *wie* die deutsche Krise überwunden wird, nicht nur auf den anschließenden Zeitraum, nachdem sie überwunden sein wird, sondern wie sie jetzt in den nächsten zehn, fünfzehn Jahren überwunden wird. Das kann glimpflich abgehen, es kann auch weniger glimpflich abgehen. Zum Beispiel kann die Art und Weise, wie wir mit unserer Krise fertig werden, das Verhältnis unserer Nachbarn zu Deutschland negativ beeinträchtigen. Es kann freilich auch das Verhältnis der Nachbarn zu Deutschland und Deutschlands zu den Nachbarn positiv beeinflußt werden. Das Wort Krise bedeutet ja zugleich »Gefahr« *und* »Chance«.

Wir haben es aber gegenwärtig nicht nur mit einer Vereinigungskrise Deutschlands zu tun, die zu einem wesentlichen Teil eine ökonomische, eine soziale Krise ist, zudem aber auch eine tiefergreifende seelische Krise, sondern wir haben es gleichzeitig mit einer Gesamtkrise Europas zu tun. Und nicht nur die Deutschen stehen vor der Notwendigkeit, ihre Vereinigungskrise zu überwinden, auch Europa steht – völlig unvorbereitet – vor einer Lage, mit der vierzig Jahre lang niemand gerechnet hat, auf die sich deshalb niemand vorbereitet hat. Wir alle stehen wie der Ochse vor dem geschlossenen Tor seines Stalles. Die Art und Weise, wie wir Europäer mit dieser Gesamtkrise fertig werden, wird einen großen Einfluß haben darauf, wie die Deutschen sich entwickeln.

Und darüber hinaus gibt es eine dritte kritische Situation, die zugleich Chance und Gefahr ist, nämlich die gegenwärtige Lage Rußlands, das vom Narew bis nach Kamtschatka reicht, heute eine Republik von 160 Millionen Menschen. Wenn die GUS nicht so funktioniert, wie es im Augenblick von manchem ihrer kleineren Mitgliedsstaaten erhofft wird, könnte Rußland möglicherweise durch Agglomeration gegenwärtig selbständiger Republiken bald wieder größer werden, jedenfalls an Bevölkerung zunehmen und seine eigene Dynamik entwickeln – gestützt auf eine kulturelle Entfaltung und Geschichte, die nicht kürzer ist als diejenige der Deutschen oder der Skandinavier oder der Engländer, ohne, anders als Mitteleuropa, als Westeuropa, als Skandinavien, jemals eine Periode der Aufklärung erlebt zu haben. Die Russen versuchen jetzt, eine neue Wirtschaftsordnung, eine neue politische Ordnung aufzurichten. Gott gebe, daß es ihnen gelingt. Aber das Verhältnis der Staaten West- und Mitteleuropas zu den Russen spielt eine große Rolle für die Art und Weise, wie wir Deutschen unsere eigene Zukunft versuchen sollen zu gestalten. Schließlich und endlich – nicht so deutlich, aber doch am Horizont sich erkennbar abzeichnend – könnten wir auch in eine Krise des Verhältnisses zwischen Nordamerika und Europa hineingeraten. Auch das spielt für die Zukunft Europas eine Rolle.

Also, Herr Jäckel, mir läge am Herzen, wenn wir das Thema dieses Gesprächs beackern, den Blick weit über die Grenzen Deutschlands hinaus zu richten und sogar über die Grenzen des europäischen Kontinents hinaus zu blicken. Es gibt ja immer wieder die Frage, wo eigentlich Europa aufhört. Am Ural, so haben wir in der Schule gelernt. Das ist offensichtlich ein rein geographischer Begriff, der politisch und kulturell überhaupt keinen Sinn macht, weil ganz Sibirien eben auch russisch geprägt ist und bleiben wird. Rußland ist einerseits eine europäische Macht, aber zum anderen ist es die einzige Macht der Welt, die in zwei Kontinenten gleichzeitig zu Hause ist. Ich tue mich schwer damit, diese russische Republik von Kamtschatka und Wladiwostok bis nach Moskau und St. Petersburg in den Begriff Europa einzuschließen. Ich sehe ganz deutlich, daß Rußland eine Weltmacht bleibt, auch wenn jetzt eine Schwäche über zehn oder fünfzehn oder zwanzig Jahre eintreten mag. Und auch wenn Rußland kein unmittelbarer Nachbar der Deutschen ist, wie das nach der Beseitigung des Staates Polen zeitweilig der Fall war, so sehe ich doch ganz deutlich, daß Rußland für Europa und ganz besonders für Deutschland eine bedeutsame Rolle spielen wird und weiterhin eine bedeutsame Rolle im Gefüge der Weltmächte spielen wird. Der Blick auf die Deutschen *muß* also auch in unserer Zukunft immer gleichzeitig den Blick aufs Ganze einschließen.

Edzard Reuter:

Ich sehe das Problem der Einbindungen in eigentlich internationale, weltweite Zusammenhänge ganz genau so. Diese sind übrigens auch wirtschaftlicher Natur, müssen auch wirtschaftlich gesehen werden. Nur: Wenn ich unseren Ausgangspunkt richtig verstehe, ist ja doch genau deswegen von Eberhard Jäckel die Frage gestellt worden, ob die Gefahr nicht groß ist, daß die Deutschen in einem solch gefährlichen oder mindestens komplizierten weltweiten Umfeld wieder in Versuchung kommen könnten, ihren eigenen Weg zu gehen, anstatt sich als Teil des bei weitem noch nicht gelungenen Projektes der europäischen Vereinigung zu sehen.

Werden die Deutschen – gerade wegen dieser Umfeldsituation – konsequent den Weg der europäischen Einigung und der Förderung der europäischen Einbindung, der eigenen Einbringung in die europäische Einigung gehen? Ich glaube schon, daß – wenn wir aus der Geschichte lernen und daraus Schlußfolgerungen für die Zukunft ziehen wollen, übrigens auch für die jungen Menschen, die nicht mehr so unmittelbar erlebt haben, was diese Gefahr wirklich bedeuten kann –, daß wir uns Gedanken darüber machen sollten: Was ist denn eigentlich in dieser Zeit nach 1871 in Europa, in Deutschland passiert? Denn unbestreitbar hat der deutsche Weg zu dem Versuch geführt, eine Weltmacht zu werden, und dieser untaugliche Versuch hat in seiner Konsequenz schließlich eine grauenhafte Katastrophe, nämlich den Ersten Weltkrieg, heraufbeschworen. Deswegen glaube ich, wir müssen uns mit diesem Vergleich beschäftigen.

Das europäische Gleichgewicht

Eberhard Jäckel:
Sie berühren meinen Ausgangspunkt, und ich will versuchen, ihn noch einmal zu verdeutlichen. Vor der deutschen Vereinigung von 1990 gab es, wenn man einmal von den Bevölkerungszahlen ausgeht, denen ja aber auch andere Größenordnungen entsprechen, unter den großen westeuropäischen Staaten ein ungefähres Gleichgewicht. Jetzt aber hat Deutschland achtzig Millionen Einwohner und damit mehr als zwanzig Millionen mehr als die nächstgrößten Staaten in Westeuropa, als Britannien, Frankreich und Italien. Auch nach der Vereinigung von 1871 war Deutschland mit einem Schlage

das volkreichste Land in Europa. Und wenn man das in der Geschichte noch weiter zurückverfolgt, dann kann man die Schlußfolgerung ziehen, daß die schiere Größe zu der Versuchung führt, die Vorherrschaft zu erlangen. Das gilt für Spanien im 16. und 17. Jahrhundert. Vor allem aber war Frankreich, was man vielfach übersieht, in der Zeit von Ludwig XIV. bis zu Napoleon I. das volkreichste Land in Europa, und es hat in dieser Zeit ständig den Versuch gemacht, die Hegemonie in Europa zu erringen.

Etwa um 1860 hat sich die demographische Struktur in Europa geändert – nicht durch politische Veränderungen, sondern durch eine veränderte Natalität. Die Volkszahl der Franzosen nahm ab, die der Deutschen stieg. Und dann hat Deutschland, verführt, wie ich sage, durch seine schiere Größe, zweimal, im Ersten und im Zweiten Weltkrieg, den Versuch gemacht, die Vorherrschaft in Europa zu übernehmen, so wie Frankreich es zuvor getan hatte. Nun sind wir wieder die Volkreichsten in Europa. Ist das, so frage ich, vor dem Hintergrund der historischen Erfahrungen nicht Anlaß zu einer Sorge? Liegen darin nicht Risiken?

Edzard Reuter:

Ich kann und will natürlich Ihre historische Analyse nicht in Frage stellen. Aber ich möchte doch wenigstens darauf hinweisen, daß die Entwicklung nach 1871, nach der französischen Niederlage, mit dem Heraufkommen der deutschen Weltmachtversuche nicht allein auf das reine Bevölkerungsproblem zurückzuführen ist, auf die reine Quantität der Deutschen in Europa. Ich denke, hier haben auch eine ganze Reihe anderer Elemente mitgespielt, obwohl ich überhaupt nicht bestreiten will, was Sie sagen. Ich weise aber darauf hin, daß das ganze Thema der »preußischen Wehr«, des »Schimmers der Preußen«, der Vormacht der Preußen in Deutschland durchaus eine wichtige Rolle gespielt hat. Ich erinnere daran, daß es eigentlich während seines ganzen politischen Wirkens Bismarcks immerwährende Sorge gewesen ist, nachdem er die Einheit, ob zum Guten oder Schlechten, herbeigeführt hat, dieses Deutsche Reich könnte unter Einfluß der schwierigen Koalitionen in Europa wieder zerfallen.

Ich erwähne aber auch – und das mag jetzt in die Zukunft führen –, daß es, wie ich denke, unleugbare Anzeichen dafür gibt, daß mindestens in diesem Jahrhundert und im nächsten Jahrtausend die Zahl der deutschen Bevölkerung der Tendenz nach drastisch rückläufig sein wird. Das heißt, diese Art von deutscher Dominanz in Europa wird es in fünfzig Jahren gar nicht mehr geben – aus demographischen Gründen. Es sei denn, Sie definieren die Deutschen als die große Menge derjenigen, die bei uns zur Zeit als Gäste betrachtet werden und die in Zukunft noch dazukommen werden. Ich selbst bezweifle zwar, ob eine solche Abgrenzung tatsächlich zulässig ist. Wir müssen trotzdem darüber reden, ob, anders als damals, heute die Deutschen als Nation diese dominante Rolle in Europa überhaupt noch spielen könnten. Wir müssen vor allem über die Wirtschaftskraft der Deutschen sprechen. Ich denke, das ist wichtiger als die reine Kopfzahl. Und wir müssen über die Einbindungen, die es in Europa inzwischen gibt, über die Vernetzungen sprechen, die zerrissen werden können oder auch nicht.

Das alles will allerdings in keiner Weise sagen, daß ich die Berechtigung Ihrer Frage bestreite. Im Gegenteil, ich teile sie, weil meine umgekehrte Frage eigentlich lautet: Kann es nicht passieren, daß die Deutschen in einer bestimmten politischen Situation der Zukunft, wenn ihnen dämmert, daß ihre kräftige

Position eigentlich nicht zu halten ist, plötzlich in eine Versuchung geführt werden könnten, von der Helmut Schmidt gesprochen hat: nämlich insbesondere die Versuchung, sich aus der westeuropäischen, aus der lästigen Einbindung zu lösen, will sagen: der Versuchung nachzugeben, wieder nach Osten zu schauen, abermals auf die dann vielleicht schon wieder etablierte Großmacht Rußland zu setzen, hier nach neuen Koalitionen, neuen Bindungen zu suchen. Das, glaube ich, ist eine existente, eine absolut realistische Gefahr, die wir sehen müssen.

Eberhard Jäckel:
Wenn ich von der Kopfzahl spreche, dann meine ich damit immer auch die entsprechende Zahl der Arbeitskräfte, der Steuerzahler, in der Vergangenheit nicht zuletzt auch die der Soldaten. Es ist dabei unerheblich, ob sie voll integriert waren oder nicht. In Deutschland lebten um die Jahrhundertwende mehr als drei Millionen Polen und Hunderttausende Franzosen, Tschechen und Dänen. Das Land war zahlenmäßig und damit auch in anderen Bereichen stärker als die anderen Länder. So ist es potentiell auch heute wieder. Und, Herr Reuter, wenn Sie sagen, daß die Bevölkerungszahl zurückgehen wird, was ich natürlich auch schon gehört habe, dann frage ich mich erstens, ob das eine Prognose ist, von der man langfristig wirklich ausgehen kann, und zweitens, ob dies nicht für die anderen westeuropäischen Länder in gleicher Weise auch gilt.

Deutschlands Einbindung in Europa

Edzard Reuter:

Es ist wohl so, daß es für andere westeuropäische Länder in ähnlicher Weise gilt, aber durchaus mit einem Verzögerungseffekt. Meinhard Miegel und Stefanie Wahl haben dazu ein überzeugendes und hoch interessantes Buch geschrieben, das ich jedem, der heute politische Verantwortung trägt, dringend empfehle, weil es darin um ein Thema geht, das über die nächste Legislaturperiode hinaus weit in die Zukunft weist. Beispielsweise wird dabei die Frage aufgeworfen: Was wird eigentlich in Zukunft aus unseren Sozialversicherungssystemen? Sind die überhaupt noch tragbar? Kann es diese Idee der Finanzierung über Generationenverträge noch geben? Das ist ja übrigens eine Idee, die auf Bismarcks Sozialversicherungsansätze zurückgeht. Ist das nicht heute zu Ende? Wenn wir über Wirtschaftskraft reden, und das ist ein berechtigter Ansatz in diesem Zusammenhang, dann müssen wir natürlich darüber reden, ob es möglich ist, daß die Deutschen diese Kraft in Europa und in der Welt bewahren werden. Das ist doch die eigentliche Frage, die besprochen werden muß.

Von 1873 bis 1896 hat sich nach einem totalen Börsenkrach ein gewaltiger Aufbruch der deutschen Wirtschaft abgespielt. Die Umschichtung von einer bis dahin noch im starken Maße agrarisch bestimmten Wirtschaft zu einer sich hoch mechanisierenden, sich hoch industrialisierenden Wirtschaft, mit dem Heraufkommen der Elektroindustrie, dem Heraufkommen des Maschinenbaus, all diesen Entwicklungen, die damals zur nahezu explodierenden Wirtschaftskraft Deutschlands beigetragen haben. Schon lange bevor die damalige Rezession zu Ende war, waren die entsprechenden Investitionen in die

Zukunft im Gange. Mit anderen Worten: Unser Problem kann auch entstehen, wenn Deutschland in Gefahr geriete, seine gewohnte Wirtschaftskraft zu verlieren, die im übrigen – lassen Sie mich das noch dazu sagen – heute mit Sicherheit nicht mehr ausschließlich im industriellen Bereich zu finden ist. Es geht auch um ganz andere Gebiete, vor allem um die tertiären Bereiche, die Dienstleistungen. Anders als damals, als es vielleicht schädlich war, daß Deutschland mit seiner großen Bevölkerung wirtschaftlich so stark wurde, ist eigentlich heute die Frage: Wie schaffen wir es denn, stark zu bleiben? Denn nur, wenn wir stark sind, werden wir möglicherweise die Kraft haben, den Weg der europäischen Vereinigung weiter so zu fördern, wie wir es müßten.

Helmut Schmidt:
Ich möchte nochmal bei einer historisierenden Seitenbemerkung von Herrn Jäckel anknüpfen. Sie haben gesagt, in Ansehung der Bevölkerungszahlen eines Staates lehre die Geschichte, daß schiere Größe zum Versuch verleite, eine Vorherrschaft, eine Hegemonialmacht zu errichten. Das ist wohl so. Es gibt ein Beispiel in der Gegenwart. Wenn Sie nach Thailand gehen oder nach Malaysia oder nach Vietnam oder in andere Staaten Ost- oder Südostasiens, dann spüren Sie heute Besorgnis vor der Größe Chinas. Dort leben demnächst 1200 Millionen Menschen. Die Besorgnis vor der Größe Chinas war nicht sehr stark ausgeprägt in jenen dreißig Jahren seit Ende der fünfziger Jahre, in denen die Pekinger Führung jeden Tag gezwungen war, über die linke Schulter rückwärts zu gucken, was eigentlich sich an diesen Tausenden von Kilometern der chinesisch-sowjetischen Grenze entwickelte. Wie viele Panzerdivisionen da aufmarschiert waren, wie viele mechanisierte Divisionen der Sowjetunion, wie viele Raketen,

wie viele Flugzeuggeschwader, wie viele nukleare Spreng-
köpfe? China war gezwungen – übrigens Rußland auch, die
hatten beide voreinander Angst –, China war gezwungen,
diesen Faktor des mächtigen Nachbarn Sowjetunion sehr
ernst zu nehmen und dachte zu dem Zeitpunkt, bis auf den
theoretischen Anspruch auf Taiwan, nicht an Expansion.
Gegenwärtig ist für die chinesische Führung die Gefahr aus
dem Norden gebannt – und das bleibt für die nächsten
fünfzehn, zwanzig Jahre noch so, vielleicht nicht auf längere
Dauer. Aber auf mittlere Sicht bleibt die russische Gefahr für
die Chinesen ohne erhebliche Bedeutung. Infolgedessen haben
die Chinesen die Hände viel freier, als sie sie jemals nach dem
Zerwürfnis zwischen Moskau und Peking gehabt haben. Und
zweitens haben sie die Hände sehr viel freier, weil die von
Deng Xiaoping Ende der siebziger Jahre zunächst vorsichtig,
aber im Verlauf der achtziger Jahre und der frühen neunziger
Jahre mit gewaltiger Kraft entfaltete chinesische ökonomische
Perestroika ungeheuer erfolgreich ist. Jedenfalls bis jetzt. So
daß nun die Nachbarn Chinas besorgt werden wegen seiner
Größe, wegen der darin liegenden möglichen Verleitung,
Hegemon in Ost- und Südostasien zu werden. Auch vor 1976,
als Mao starb, war China kaum wesentlich weniger volkreich.
Die Größe allein macht es nicht. Ich folge dem Argument von
Edzard Reuter, der das ähnlich, wenn auch mit anderen
Argumenten gesagt hat. Die Größe Deutschlands löst für die
europäischen Nachbarn ganz gewiß Besorgnisse aus. Ich teile
ihre Sorge, jeder Franzose teilt sie, jeder Holländer teilt sie,
und jeder Pole teilt sie. Das jetzige Deutschland ist doppelt so
groß wie Polen. Mindestens fünfmal so groß wie Holland.
Und die Sorge wurde bereits geteilt, daran muß man sich nun
auch erinnern, in den Jahren nach Kriegsende bis zur Begrün-

dung der Bundesrepublik und in den fünfziger Jahren, als Westdeutschland nur aus knapp fünfzig Millionen Menschen bestand. Heute sind es über achtzig Millionen.

Eines der beiden Motive für Churchill in seiner Zürcher Rede von 1946, eines der beiden Motive für Jean Monnet und für Robert Schuman war, der damals weit am Horizont entfernten, aber doch denkbaren Gefahr, daß die Deutschen wieder nach Hegemonie streben könnten, dadurch zu begegnen, daß man Deutschland in einen größeren Verbund einband. Churchill hat 1946 die Franzosen beschworen, den Deutschen die Hand zur Versöhnung zu reichen, damit die Vereinigten Staaten von Europa zustande kommen könnten. Sein anderes Motiv war, eine Barriere gegen die Sowjetunion zu bauen. Die beiden Motive haben auch für Monnet und für Schuman eine entscheidende Rolle gespielt. Es gab auch Deutsche, die so dachten, obwohl Deutschland damals nur ein kleines Land war und seelisch und materiell, ökonomisch, industriell und urban völlig zerstört. Ich erinnere mich an Ihren Vater, Herr Reuter, an Ernst Reuter, ich erinnere mich an Max Brauer, ich erinnere mich an Wilhelm Kaisen, aber auch durchaus an Konrad Adenauer. Es gab aber Deutsche, die aus durchaus ehrenwerten Motiven diese Einbindung Deutschlands nicht gewollt haben – Ludwig Erhard nicht, Kurt Schumacher nicht. Schumacher glaubte, daß diese westeuropäische Einbindung Westdeutschlands die Chance für die Vereinigung der beiden deutschen Teile erschweren würde. Das heißt, die Frage, die Sie stellen, hat sich unausgesprochen schon in den vierziger und frühen fünfziger Jahren gestellt, obwohl die Größe Deutschlands seinerzeit keine Rolle spielte. Wohl aber haben unsere Nachbarn damals damit gerechnet, daß die Deutschen das schon fertigbringen würden, ihre Städte und ihre Industrie wieder aufzubauen, daß sie wirtschaftlich wieder eine große Macht werden würden. Sie haben nicht mit der Vereinigung Deutschlands gerechnet. Und sie haben ja sogar noch 1989 Versuche gemacht, die Vereinigung zu behindern – so François Mitterrand und Margaret Thatcher. Anders als die weinerlichen Deutschen, die im Augenblick anfangen, aus Verzweiflung über die Rezession extreme Parteien zu wählen, glauben die meisten unserer Nachbarn, daß wir in der Lage sein werden, auch ökonomisch unsere Vereinigungskrise zu überwinden, und daß wir auch wirtschaftlich die stärkste Macht in Europa werden.

Wenn wir denn vermeiden wollen, daß wir uns abermals, wie nach dem Abgang Bismarcks 1890, selbst isolieren in Europa, wenn wir der Gefahr der Singularisierung Deutschlands begegnen wollen, müssen wir genau wie Anfang der fünfziger Jahre bestrebt sein und bestrebt bleiben, uns willentlich in diese europäische Gemeinschaft, in die Europäische Union einzubinden. Es liegt nach meiner Überzeugung im vitalen Lebensinteresse der Deutschen – in höherem Maße im Interesse der Deutschen als der Franzosen oder der Holländer oder der Tschechen oder der Polen –, daß Deutschland eingebunden bleibt und sich einbinden will in die europäische Gemeinschaft.

Aber zurück zu unserer Ausgangsfrage: Wenn wir die Vereinigungskrise überwinden, ohne dieses Lebensinteresse ausreichend zu beherzigen, dann kann aus der Überwindung der Vereinigungskrise durchaus das Unheil entstehen, von dem Sie, Herr Jäckel, sprechen. Ins Positive gewendet: Wir haben für die nächsten fünfzehn oder mehr Jahre die Notwendigkeit vor uns, diese Vereinigungskrise zu überwinden, von der ich noch einmal sage, daß es nicht nur eine ökonomische und regionale, sondern auch eine seelische Krise ist, und Krise bedeutet zugleich Chance *und* Gefahr. Außerdem aber haben wir gleichzeitig die Aufgabe vor uns, um Gottes Willen, die Einbindung in die Europäische Union im eigenen Volk bewußt zu machen, zu einem definierten Willen des eigenen Volkes zu machen, auch wenn wir uns die Krätze an den Hals ärgern über die Dummheiten, die da in Brüssel verzapft werden – Bananenverordnung, Schweinefleischverordnung, weiß der Kuckuck, was alles. Übrigens, in Klammern gesagt, die meisten dieser Dummheiten stammen nicht von der Brüsseler Kommission, sondern aus den nationalen Bürokratien. Klammer wieder zu!

Die Welt: ein Dorf?

Edzard Reuter:
Ich meine, daß genau aus dieser Analyse – und wir stimmen ja in den Notwendigkeiten, in den Zielen vollständig überein – die Frage entsteht: Ist es nicht wirklich die zentrale Aufgabe, mit der wir es jetzt zu tun haben, die Wirtschaftskrise, in der wir uns befinden, zu überwinden? Ich stimme Ihnen zu, daß sie, was die Deutschen angeht, sehr weitgehend, ich glaube, überwiegend auch von einer psychologischen Krise begleitet oder sogar überlagert wird, einer Krise der Wiedervereinigung der Deutschen, so wie sie vonstatten geht, so wie sie vollzogen wird. Ich scheue mich dagegen außerordentlich, von den materiellen Begleiterscheinungen unserer Krise als einer Vereinigungskrise oder einer Anpassungskrise zu sprechen. Natürlich gibt es spezifisch deutsche Elemente. Sie schlagen sich nieder in der gewaltigen Überforderung beispielsweise unserer Finanzen, die allerdings zu einem massiven Teil einfach durch eine falsche Politik entstanden ist. Aber im Urgrund ist dies

keine spezifisch deutsche Krise. Es ist eine mindestens europäische Krise, und sie hat nicht nur konjunkturelle, sie hat durchaus auch strukturelle Ursachen. Das hängt – und hier sind wir wieder bei dem Hinweis von Helmut Schmidt, der ja richtiger gar nicht sein kann – damit zusammen, daß die Deutschen und auch die anderen Europäer inzwischen unausweichlich in das gesamte Weltgefüge eingebunden sind.

Wir leben nicht mehr nur in Europa oder gar nur in Zentraleuropa. Wir leben in einer Welt, die ganz eng zusammengewachsen ist, die im gewissen Sinne zu einem Dorf geworden ist. Heute sind im ökonomischen Sinne die Chinesen schon unsere Nachbarn, ganz nahe Nachbarn. Und die Zeitabläufe, in denen sich das abspielt, werden rapide kürzer, die Entwicklungen gehen immer schneller, ja, sie überschlagen sich. Der Beginn der Krise, in der wir uns alle zusammen befinden, ist bei uns nur verschoben gewesen. Er wurde nämlich durch die deutsche Vereinigung, durch den kurzfristigen Boom der deutschen Vereinigung nur ein wenig hinausgezögert – im Vergleich zu anderen europäischen Nationen, die vorher schon von der gleichen Krise getroffen worden waren. Sie trifft uns jetzt auch, weil sie eine mindestens europäische ökonomische Krise ist. Und weil das so ist, kann die Antwort auch nur in Europa liegen.

Ich denke, wir müssen dieses Europa wollen. Es gibt keine Alternative dazu. Wenn wir es wollen, dann müssen wir aber alles daran setzen, die Krise so zügig und so schnell wie möglich in ganz Europa zu bewältigen. Dazu gibt es nun wieder einen entscheidenden Ansatz. Ich nenne ihn auch deswegen, weil hier zugleich der Schlüssel zu den Deutschen, zur deutschen Befindlichkeit, wenn Sie wollen, zur deutschen Seele liegt, denn wir dürfen nie vergessen, was eigentlich die aus der Geschichte gekommene seelische Befindlichkeit einer Nation ist. Es geht darum, daß allen Europäern, vor allem aber der deutschen Nation, dem deutschen Volk die Wahrheit über das gesagt werden muß, was eigentlich in unserem Land los ist und was unsere Aufgabe ist. Insofern gibt es nun tatsächlich eine gewisse Parallele zu der Anpassungskrise der Jahre 1873 bis 1896. Dort ist den Deutschen im Grunde genommen auch etwas vorgegaukelt worden: Ihr könnt eine Weltmacht, später sogar: Ihr könnt eine Seemacht, Ihr könnt ich weiß nicht was werden, Ihr könnt die ganze Welt beherrschen, am deutschen Wesen soll die Welt genesen. Lassen Sie mich hinzufügen, daß wir damals wie heute einen Kanzler hatten, dessen große Stärke sicherlich nicht im Verständnis der wirtschaftlichen Zusammenhänge lag. Ich behaupte jedenfalls, bei aller notwendigen Vision für die Deutschen läßt sich die derzeitige Krise, die eben keine spezifisch deutsche Krise ist, nur europäisch lösen.

Die Sorgen der anderen

Eberhard Jäckel:

Wenn die anderen sich Sorgen machen, warum sollten wir diese Sorgen nicht teilen? Wir sind es doch, die bei uns möglicherweise etwas tun können, um die Sorgen nicht Wirklichkeit werden zu lassen. Herr Schmidt hat vorhin daran erinnert, daß Margaret Thatcher vor der Vereinigung warnte und François Mitterrand im Dezember 1989 der DDR einen demonstrativen Staatsbesuch abstattete. Das taten sie doch wohl, weil sie Sorgen hatten, daß aus dem sich abzeichnenden vereinigten Deutschland Risiken entstehen könnten.

Edzard Reuter:

Er hat auch demonstrativ Gorbatschow in Kiew getroffen.

Eberhard Jäckel:
Das ist wieder eine andere Geschichte, auch wenn ihr dieselben Sorgen zugrundelagen. Noch einmal, die Kopfzahl alleine ist es nicht. Aber kann es nicht sein, daß sich in den neuen Bundesländern eine gänzlich neue, moderne Wirtschaftsstruktur entwickeln wird, so daß dann zur demographischen Überlegenheit eine wirtschaftliche hinzukommt? Herr Schmidt, Sie haben von Churchill gesprochen. Die Engländer haben immer ein besonderes Verständnis für das sogenannte Gleichgewicht der Kräfte auf dem Kontinent gehabt.

Helmut Schmidt:
Nein, nicht immer, vor allem jedoch während des viktorianischen Empires.

Eberhard Jäckel:
Es geht weiter zurück. Die Engländer haben die französischen Hegemonialbestrebungen im Spanischen Erbfolgekrieg gegen Ludwig XIV., während der Französischen Revolution und unter Napoleon I. immer bekämpft, also unter ganz verschiedenen politischen Systemen. Churchill hat 1936 vor dem außenpolitischen Unterhausausschuß seiner Partei eine bemerkenswerte Rede gehalten. Darin sagte er, wir sollten keine Angst davor haben, daß man uns vorwirft, wir seien antideutsch. Wir sind nur gegen die jeweils stärkste Macht in Europa, die zu dominieren versucht. Sollten wir diese Einschätzung nicht teilen? Sollten wir uns nicht selbst fragen, ob wir eine Herausforderung an das ungefähre Gleichgewicht der Kräfte in der europäischen Gemeinschaft werden könnten, und was wir heute selbst tun können, um uns und andere davor zu bewahren? Es werden in der Politik Leute auftreten, die uns, wie Sie eben gesagt haben, Herr Reuter, wieder eine Weltmachtrolle Deutschlands einreden wollen, wie am Ende

des 19. Jahrhunderts. Was kann man heute tun, um die nicht mit Sicherheit eintretenden, aber möglichen Risiken zu beschränken? Meine Antwort darauf lautet: Im Inneren so viel Föderalismus wie möglich, keine zentrale Verfügungsgewalt über die nationalen Ressourcen, und im Äußeren so viel europäische Integration wie möglich.

Das globale Fünfeck

Helmut Schmidt:
Jetzt geht's mir ein bißchen zu schnell. Sie nehmen die Schlußfolgerung einer Diskussion voraus. Ich muß noch einmal darauf beharren, daß wir das Gleichgewichtsproblem, von dem Sie gesprochen haben, in einem neuen und größeren Maßstab sehen. Herr Reuter hat vorhin gesagt, künftig sind die Chinesen unsere Nachbarn. Das war metaphorisch gemeint, aber es ist gleichwohl richtig. Ich stelle mir vor, daß es schon zu Beginn des kommenden Jahrhunderts offenbar sein wird, daß sich an die Stelle des die zweite Hälfte des 20. Jahrhunderts beherrschenden antagonistischen Duopols Moskau – Washington inzwischen ein Fünfeck der Machtverteilung auf der Welt gesetzt hat, ein pentagonales System. Einer der Pole, möglicherweise immer noch der stärkste, sind ganz sicherlich die Vereinigten Staaten von Amerika. Der zweite Pol kann und wird hoffentlich die Europäische Union sein, der dritte die Russische Republik, die vielleicht dann wieder etwas größer ist. Der vierte Pol wird mit Sicherheit Japan sein und der fünfte China.
Bei dem Pol »Europäische Union« muß man bei jeder EG-Krise Sorgen haben, daß sie nicht überwunden oder nur unzureichend überwunden wird. Bisher haben wir alle Krisen überwunden: 1954, als die Europäische Verteidigungsgemeinschaft an Frankreich scheiterte. Anfang der sechziger Jahre, als Macmillan

England in die EG hineinführen wollte und am Veto de Gaulles scheiterte. Mitte der sechziger Jahre fand die dritte Krise statt, als wegen irgendeines, heute bereits vergessenen Anlasses de Gaulle seinen Ministern verbot, an Sitzungen des Rates der Europäischen Gemeinschaft teilzunehmen, eine »Politik des leeren Stuhls« betrieb. Zum vierten Mal kriselte es in der EG, als es unter de Gaulles Nachfolger Pompidou Edward Heath zwar gelang, England nun doch mit zwanzig Jahren Verspätung – zwanzig Jahre nach Italien! – in die Europäische Gemeinschaft zu führen, aber sein Nachfolger Harold Wilson sagte: »Das gilt alles nicht, es muß neu verhandelt werden«. Re-negotiation war damals das Stichwort in London. Und wiederum nur wenige Jahre später kam Margaret Thatcher und sagte, auch das, was der Wilson ausgehandelt hat, gilt alles gar nicht; wir müssen abermals Re-negotiation veranstalten. »I want my money back and I want it now!« – und dabei hatte sie noch keinen Shilling bezahlt. Auch diese Krise ist überwunden worden wie die anderen vier vorher. Man kann daraus schließen, daß wegen der vorhin genannten vitalen Motive, die Deutschen europäisch einzubinden, auch die sechste, die Post-Maastricht-Krise überwunden wird. Das ist meine Hoffnung, und dafür würde ich mich überall einsetzen.

Ganz sicher ist dies freilich nicht. Es gibt mindestens zwei europäische Nationen, die den Fortschritt der europäischen Integration stören können. Das eine sind die Engländer, auf deren traditionelles politisches Gleichgewichtsdenken Sie vorhin hingewiesen haben, Herr Jäckel. Die denken ja heute immer noch in Vorstellungen des europäischen Gleichgewichts, wobei sie dann, ähnlich wie die F.D.P. in Bonn, das Zünglein an der Waage sein wollen, das sich zur einen oder zur anderen Seite neigen kann. Sie können die Integration stören; sie können sie jedoch nicht

zerstören, denn die Europäische Union ist auch ohne England denkbar. Aber stören können sie am laufenden Band, egal, wer die Engländer regiert, weil die Europäische Union ihrem traditionellen Denken widerspricht. Es gibt eine andere Nation, die die weitere Entwicklung der Europäischen Union verhindern kann. Und das sind wir. Wenn die Deutschen, aus welchen Motiven immer, sich von der europäischen Integration abwenden, kann sie ans Ende gelangen. Und dann wird aus dem Weltgleichgewicht mit fünf Eckpunkten, von dem ich vorhin sprach, möglicherweise ein Weltgleichgewicht mit nur vier Eckpunkten. Die europäischen Nationen würden dann nur noch eine Rolle am Rande der Welt spielen, sie müßten sich den Forderungen anpassen, die die vier Großen an sie stellen. Ich sehe also, daß nationalistische Beschränktheit in deutschen Gehirnen sogar das Weltgleichgewicht des nächsten Jahrhunderts behindern kann.
Edzard Reuter hat davon gesprochen, daß dem deutschen Volk leider von seinen Politikern nicht in ausreichendem Maße die Wahrheit gesagt werde. Das gilt nicht nur für die, die in Bonn regieren, das gilt auch für die, die dort opponieren. Das gilt für die gesamte politische Klasse in Deutschland. Übrigens, Edzard, es gilt auch für die unternehmerische, die industrielle Klasse. Ich sehe nicht, daß sie sehr viel besser dastehen, im Gegenteil. Das ist ein und dieselbe Feigheit vor dem eigenen Volk, die man hier beobachtet. Zu notwendigen Wahrheiten gehört eben auch die Sicht auf die Interessen unserer Nachbarn. Und das schließt im 21. Jahrhundert auch die Sicht Chinas und Rußlands, ja sogar Japans ein und nicht nur die der USA, die die Deutschen noch am besten verstehen.

Edzard Reuter:

Wir stehen doch, Eberhard Jäckel, möglicherweise gerade auf dem Hintergrund, der hier von Helmut Schmidt geschildert wurde, vor einem Dilemma. Ich wiederhole, daß es für mich nur eine Antwort darauf gibt, die wir geben müssen, wenn die Deutschen die europäische Integration weiter betreiben wollen. Diese Antwort lautet: Wir müssen zu einer ausreichenden wirtschaftlichen Stärke zurückfinden. Unsere Wirtschaftsstruktur muß wieder gestärkt werden, weil sonst die Gefahr enorm ist, daß die extremen Parteien an den Rändern, die sogenannten Protestparteien, immer mehr an Gewicht gewinnen. Denn dieses sind justament die Parteien – ich kenne jedenfalls keine, für die das nicht gilt –, die keine prononcierten »europäischen« Neigungen haben. Im Gegenteil, das sind die Parteien, die das klassisch Nationalistische wiederbeleben wollen. Ich sage das freilich keineswegs von allen, denn für die Grünen gilt das sicherlich weniger.

Helmut Schmidt:
Bei den Grünen ist jedenfalls eine europäische Inklination nicht zu bemerken.

Edzard Reuter:
Es ist generell so: Wenn wir nicht politisch Gefahr laufen wollen, daß die Protestparteien am Rand stärker werden und damit gegen die europäische Integration ein kritisches Potential entsteht, müssen wir wirtschaftlich wieder stärker werden. Andererseits ist wirtschaftliche Stärke natürlich ein Element der Befürchtungen unserer Nachbarn, kein Zweifel, . . .

Eberhard Jäckel:
Warum nicht auch von uns selbst?

Europäische Integration unumkehrbar?

Edzard Reuter:

Es kann in der Rückkoppelung dazu führen, daß die anderen Partner, siehe das Beispiel von Margaret Thatcher, ihrerseits etwas gegen die europäische Vereinigung tun oder sie nicht weiterführen. Ich hoffe, daß wir irgendwann einmal weiterkommen mit dem kardinalen Thema der europäischen Währungsunion. Ich glaube, es ist wirklich kardinal, daß eine einmal erreichte Wirtschaftsunion im Grunde genommen nicht mehr reversibel ist. Aber damit Europa in dem Kontext, den Helmut Schmidt hier schildert, seine Rolle spielen kann, bedürfen wir natürlich viel mehr, und davon ist bisher überhaupt keine Rede, jedenfalls nicht ernsthaft. Wir brauchen eine europäische Außenpolitik, wir brauchen eine europäische Verteidigungspolitik. Sie stehen bisher allenfalls auf Plakaten. Um all das zu erreichen, ist das Problem nicht, wie in der wilhelminischen Periode, die deutsche Stärke, sondern die Gefahr wäre die deutsche Schwäche. Ein starkes Deutschland, das konsequent den Weg der europäischen Einbindung verfolgt, ist keine Gefahr. Ich weiß wohl, daß unsere Partner Probleme mit den starken Deutschen haben. Aber vergessen Sie nicht – das ist ein Thema, über das wir vielleicht auch reden sollten –, vergessen Sie nicht, es gibt mindestens zwischen den Franzosen und den Deutschen, zwischen den Benelux-Staaten und den Deutschen genauso wie auch zwischen den Franzosen und den Benelux-Staaten seit vielen Jahren massive wirtschaftliche Verflechtungen, die weit über das hinaus gehen, was der normale Bürger auf der Straße erkennen kann.

Helmut Schmidt:

Und was auch die Politiker noch nicht begriffen haben.

Edzard Reuter:

Genau! Und das bewirkt jetzt schon, daß ein Auseinanderreißen ungeheuer schwer würde. Deswegen wiederhole ich noch einmal: Wenn der nächste Schritt zu einer europäischen Währungsunion gelingen sollte, dann wird damit die wirtschaftliche Vernetzung so stark geworden sein, daß die Gefahr des Auseinanderreißens mindestens sehr viel kleiner wird – ohne das Problem abzustreiten, über das wir hier heute reden, darüber sind wir uns ja einig. Aber ich bin derselben Meinung wie Helmut Schmidt: In Wirklichkeit geht es um ein Problem, das über Deutschland hinausführt. Es handelt sich um ein europäisches Problem, wobei es außerdem noch eingebettet ist in das Verhältnis zwischen den Europäern und der übrigen Welt – mit völlig anderen Gegebenheiten, als das je früher der Fall war.

Eberhard Jäckel:

Sie sprechen immer von den Sorgen unserer Partner. Unser Unterschied liegt vielleicht darin, daß ich diese Sorgen vollständig teile. Helmut Schmidt hat vorhin, wenn ich ihn richtig verstanden habe, von dem britischen Gleichgewichtsprinzip als einem Ausfluß der englischen Mentalität gesprochen.

Helmut Schmidt:

Ich habe die außenpolitische Tradition der Engländer gemeint.

Eberhard Jäckel:

Es scheint mir eine ganz zutreffende Beurteilung der Lage zu sein, daß das Zusammenleben von Staaten oder von den fünf großen Blöcken, von denen Sie gesprochen haben, von einem ungefähren Gleichgewicht der Mächte abhängt. Das britische Gleichgewichtsprinzip ist übrigens von den Vereinigten Staaten in der ersten Hälfte des Jahrhunderts übernommen worden, als die Japaner den Versuch machten, den ostasiatischen

Raum zu beherrschen. Und sogleich haben sich die Vereinigten Staaten gegen dieses Hegemonialstreben gewandt. Ehe wir aber von den fünf großen Blöcken reden, von denen Sie gesprochen haben, Herr Schmidt, und von ihrem Verhältnis zueinander, will ich noch einmal auf meine Sorge zurückkommen, daß es auch unter den Bedingungen der europäischen Integration, die wir offenbar alle in gleicher Weise wünschen, zu Unzuträglichkeiten kommen kann, weil die Deutschen vielleicht einmal stärker sind als ihre Partner.

Ist es nicht richtig, daß die Europäische Gemeinschaft lange Zeit von der deutsch-französischen Übereinstimmung gelebt hat? Paris und Bonn haben in der Europäischen Gemeinschaft eine Führungsrolle eingenommen. Ich kann mir vorstellen, daß in einer ferneren Zukunft Deutschland einmal alleine versuchen wird, diese Führung zu übernehmen, und daß dann andere Staaten Sorgen haben werden, die nur allzu berechtigt sind.

Edzard Reuter:

Das trifft sich ja im Grunde genommen mit der Sorge mancher Menschen in London oder in Paris, aber auch in anderen Hauptstädten Europas. Sie sagen, wenn die Deutschen immer so sehr für eine Währungsunion plädieren, so sprechen sie in Wirklichkeit von nichts anderem als von einem Machtinstrument, mit dem sie Europa beherrschen wollen. Ich bin der Allerletzte, der das nicht sieht oder gar bestreitet. Ich finde nur, wir müssen uns mit den realistischen Alternativen beschäftigen. Und diese realistische Alternative kann nur sein, alles zu tun, und zwar nicht mit Feiertagsreden, sondern durch konkrete Schritte, um die europäische Integration voranzubringen. Und dazu gehört natürlich, ich sage es noch einmal, endlich ein ebenso wichtiges wie brisantes Thema ins Visier zu nehmen: Wie sieht eine gemeinsame Verteidigungspolitik für Europa aus? Die Zukunft der NATO muß endlich einmal ernsthaft diskutiert werden.

Wir dürfen doch nicht vergessen, daß sich seit dem Zusammenbruch des Kommunismus auch insofern Fundamentales geändert hat. Traditionell ist die NATO ein Verteidigungsbündnis, in das wir eingebunden sind. Aber die NATO weiß im Augenblick nicht, was ihre Mission in Zukunft ist. Und deswegen wird nun auch die deutsche Rolle neu diskutiert, und sie muß es. Ganz abgesehen davon, daß natürlich der transatlantische Antagonismus der Franzosen gegenüber den Amerikanern dabei eine große Rolle spielt. Was bedeutet es denn, wenn wir hier in Europa im verteidigungspolitischen Bereich angeblich etwas jenseits der NATO, also ohne die Amerikaner, tun? Wir bilden eine Europa-Brigade ...

Helmut Schmidt:

Es ist neuerdings ein Armeekorps.

Edzard Reuter:

Ein Korps, das in Wirklichkeit Schall und Rauch ist, weil das wirkliche Thema: Wie steht es eigentlich um die Rolle der NATO? nicht ausdiskutiert ist. Mit anderen Worten: Die Unternehmen der Wirtschaft wissen längst, daß ihr Interesse eine möglichst enge Bindung mit unseren Nachbarn ist. Das gilt natürlich für unser Verhältnis zu Spanien, Italien und allen anderen auch, aber eben zentral für Benelux und Frankreich. Doch es geht nicht nur um das wirtschaftliche Element. Wir müssen auch auf all den anderen Bereichen an konkreten Schritten der europäischen Integration arbeiten, damit die Gefahr, oder mindestens die geschichtliche Möglichkeit, die für meine Begriffe eine grauenerregende Vorstellung wäre, daß dieser Weg niemals wieder Realität werden kann.

Integrationsfaktor Währungsunion

Eberhard Jäckel:
Herr Reuter hat von der Bedeutung wirtschaftlicher Verflechtungen und auch von der Bündnisverflechtung gesprochen. Was hat Deutschland und Rußland gehindert, im Ersten Weltkrieg, obwohl es eine starke Wirtschaftsverflechtung zwischen den beiden Ländern gab, gegeneinander zu kämpfen? Haben wirtschaftliche Bindungen wirklich ein solches Gewicht gegenüber nationalen Interessen?

Helmut Schmidt:
Der russische Anteil am deutschen Export war nie sonderlich groß. Ich bin eher der Meinung von Edzard Reuter. Er hat dem Sinne nach gesagt: Wenn es in Westeuropa – und sei es nur in einem Teil der Staaten der Europäischen Union, füge ich jetzt hinzu – eine gemeinsame Währung gibt, dann führt das zwangsläufig zu einer so starken wirtschaftlichen Vernetzung, insbesondere der Unternehmen und der Märkte, auf denen die Unternehmen anzubieten haben, einschließlich des Arbeitsmarkts, daß das kaum von den Politikern wieder zerrissen werden kann. Dem stimme ich zu. Und es macht mich tief besorgt, wenn ich sehe, daß insbesondere die Bonner Politik, weil sie es nicht versteht, und die Frankfurter Politik, also die Bundesbank, weil sie es nur allzu gut versteht, die Entwicklung zur gemeinsamen Währung behindern. Es kommen dann Äußerungen hinzu, die dem deutschen Volk die angeblich harte Deutsche Mark quasi als Ersatz für ein fehlendes Nationalgefühl darstellen, und Äußerungen wie »eine gemeinsame Währung kommt nur in Frage, wenn die gemeinsame Währungsbank in Frankfurt ihren Sitz nimmt, sonst machen wir das nicht mit«. Dieses ist bereits ein Anflug von wilhelmini-

scher Überheblichkeit, diesmal nicht durch einen Kaiser, sondern durch einen Kleinbürger ausgesprochen. Ähnlich wie diese öffentliche Äußerung eines wichtigen Bonner Ministers bewerte ich die Tatsache, daß der Deutsche Bundestag – mit den Stimmen der Opposition notabene! – beschlossen hat, selbst wenn die im Maastrichter Vertrag niedergelegten vier Bedingungen erfüllt sind, behalten wir, das deutsche Parlament, uns vor, die gemeinsame Währung einzuführen oder auch abzulehnen.

Ein weiteres Problem ist das Verfassungsgericht in Karlsruhe. Der Maastrichter Vertrag hat nationale Besorgnisse bei verschiedenen Völkern Europas ausgelöst. Verständlicherweise. Drei Völker haben eine Volksabstimmung dazu stattfinden lassen. Von den Dänen wurde erst »nein« und dann später doch »ja« gesagt. Die Franzosen sagten »ja«, gerade knapp, aber doch. Ein einziges Mitgliedsland hat das »Ja« oder »Nein« durch seine Richter entscheiden lassen. Unglaublich! In drei gestandenen und gewachsenen Demokratien Europas hat die höchste Instanz, nämlich das Volk selbst, entschieden. In Deutschland wurde das durch Richter in Karlsruhe entschieden. Das ist bereits der Anfang einer deutschen Sonderrolle.

Nationale Empfindlichkeiten

Und nun noch einmal zurück zu einer früheren Phase des Gesprächs. Wir haben, mehr oder minder übereinstimmend, über die frühere und auch gegenwärtige englische Politik gesprochen, Zünglein an der Gleichgewichtswaage Europas zu spielen. Wir dürfen nicht übersehen, daß es neben den deutschen Besonderheiten, die wir bisher debattieren, auch in Frankreich eine Besonderheit gibt, nämlich eine Überbetonung des nationalen Prestiges. Ich habe immer gemeint, daß wir darauf Rücksicht nehmen müßten, daß wir sie als *fact of life* hinnehmen müssen, ohne ein künstlich aufgebautes deutsches Prestige dagegen zu setzen. In den Zeiten, in denen ich für die Regierung verantwortlich war, hat der französische Staatspräsident immer Vortritt gehabt, jedenfalls in der Öffentlichkeit, weil es galt, dieses Prestigebedürfnis der französischen Nation zu befriedigen. Heute versucht man das durch Umarmung oder Händeschütteln über den Gräbern des Ersten Weltkrieges zu ersetzen, ohne daß man in der Sache einig ist. Diese Sache ist die gemeinsame Außen- und Verteidigungspolitik.

Man muß sich einmal vorstellen, was eigentlich in den Köpfen der Beamten am Quai d'Orsay vorgeht, wenn ein deutscher Außenminister alle vierzehn Tage verlangt, »Nun, da Deutschland stark und größer geworden ist, muß es eine größere Rolle spielen, muß es eine Brückenfunktion gegenüber Rußland ausüben und muß natürlich einen ständigen Sitz im Sicherheitsrat der Vereinten Nationen haben«. Bisher gab oder besser: gibt es fünf Staaten auf der Welt, die einen ständigen Sitz mit Vetorecht im Sicherheitsrat der Vereinten Nationen haben. Das sind die fünf offiziellen Atommächte: China, Rußland, England, Frankreich und USA. Jetzt kommen die Deutschen und sagen »wir wollen auch einen Sitz haben«, mit Vetorecht natürlich. »Nein, Atommacht wollen wir nicht werden, das muß ja auch nicht sein«. Aber was sollen die anderen davon denken, was steckt da im Hintergrund? Dies ist abermals deutsche Großmannssucht. Die Befremdung im Quai d'Orsay und im Foreign Office kann ich mir gut ausmalen, weil ich die Beamten dort kenne.

Mehr Macht den Regionen

Eberhard Jäckel:
Ich will noch einmal auf das zurückkommen, was wir über die europäische Integration gesagt haben. Wir sind uns darüber einig, daß wir sie wünschen. Wir haben aber noch nicht genügend darüber gesprochen, wie man sie in der Zukunft im einzelnen gestalten soll. Die Europäer werden die in Brüssel getroffenen Regelungen auf die Dauer nicht hinnehmen, wenn sie nicht durch den Souverän, das Volk, legitimiert sind. Man wird also irgendwann zu einer europäischen Gesetzgebung und einer entsprechenden Exekutive kommen müssen, und dann kann das Ungleichgewicht der Mitgliedsstaaten zu einem Problem werden. Deswegen gehe ich der Vorstellung nach, ob man nicht neben dem europäischen Parlament, das irgendwann einmal die Gesetzgebungskompetenz haben wird, den Regionen Europas einen Einfluß geben, also auf der europäischen Ebene etwas Ähnliches errichten sollte wie unseren Bundesrat, in dem die Länder an der Gesetzgebung des Bundes mitwirken. Damit wäre das Problem der deutschen Übergröße gelöst oder doch minimiert. Ich stelle mir eine zweite europäische Kammer vor, in der die deutschen Bundesländer, die französischen und italienischen Regionen, die beiden Teile des belgischen Staates und so weiter vertreten wären.

Helmut Schmidt:
Dies halte ich für eine künstliche Idee. Sie werden bestenfalls in Italien dafür Verständnis finden. Nördlich von Rom ist die eine Region und südlich ist die andere, die wird dann abgeschrieben. Deswegen wird die römische politische Klasse, wenn sie denn wiederentstehen sollte, dem widersprechen. Die Regionalisierung Frankreichs ist eine absurde Idee in den

Augen jedes Franzosen, ein paar Ausnahmen mag es hier und da geben. Sie ist aber auch eine absurde Idee in den Augen jedes Holländers. Sie macht einen gewissen Sinn in Belgien. Sie ist in Wirklichkeit ein Widerspruch zu tausend Jahren europäischer Entwicklungsgeschichte. Etwa seit Otto dem Großen, oder wann immer Sie das Datum setzen wollen, oder seit 1066, Battle of Hastings, haben sich die europäischen Nationen und die Nationalstaaten entwickelt. Einige Nationen haben sich früher entwickelt als ihr Nationalstaat, einige waren unterdrückt, oder Teile der Nationen waren unterdrückt. In dem Augenblick, wo sie befreit waren, haben sie ihren Nationalstaat begründet oder zu begründen versucht. Das hängt ganz wesentlich damit zusammen, daß die Nationen verschiedene Sprachen sprechen.

Wir können Europa nicht in verschiedene Regionen aufteilen, wenn die Regionen dieselbe Sprache sprechen, in Italien oder in Frankreich. Das wird nichts. Das können Sie im ehemaligen Jugoslawien machen. Da gibt es sechs oder sieben verschiedene Sprachen. Das können Sie nicht in Deutschland machen. Ich denke, daß die Idee der Regionalisierung in Wirklichkeit eine anerkennenswerte gedankliche Konstruktion ist, um dem Übergewicht Deutschlands, das Sie befürchten, zu entgehen, daß aber niemand sonst in Europa davon begeistert sein wird. Allerdings würden alle anderen durchaus damit zufrieden sein, wenn Deutschland regionalisiert wird. Damit waren sie auch schon im 19. und im 18. Jahrhundert zufrieden. Ich halte von dieser Idee nichts.

Edzard Reuter:

Diese Frage gehört gleichfalls zu den Themen, die in Europa pragmatisch und schrittweise behandelt und angegangen werden müssen. Ich sehe allerdings im Augenblick, daß wir uns in

Deutschland in eine fatale Falle hineinmanövriert haben. Denn jeder Schritt, der uns weiter in eine europäische Integration führt, kann mit Widerspruchsrechten der deutschen Länder verknüpft werden. Mit anderen Worten, der deutsche Gedanke eines föderalen Staates wird immer mehr zu einem Beispiel dafür, daß föderale Strukturen Hemmnisse für Fortschritte sind und nicht förderlich für eine gute und sinnvolle Integration. Gerade wenn wir über einen schrittweisen Ausbau von Ansätzen zu gemeinsamer Außenpolitik, zu gemeinsamer Verteidigungspolitik sprechen, dann gibt es – übrigens verstärkt natürlich durch das Urteil des Bundesverfassungsgerichts zum Thema Maastricht – die Sorge, daß wir uns immer stärker selber blockieren und damit wiederum die Fähigkeit der Politik zur Führung in Richtung auf europäische Integration fragwürdig machen.

Eberhard Jäckel:
Sie sagen immer »im Augenblick«. Das ist nicht meine Fragestellung. Meine Fragestellung ist, ob man nicht etwas über den Augenblick hinaus denken muß. Zur Regionalisierung will ich nur sagen: Da die Europäische Union leider aus ungleich großen Gebilden besteht – aus größeren, mittleren und kleineren Staaten –, suche ich nach einer Möglichkeit, in der die Größen der Mitglieder ungefähr gleich sind, weil auf diese Weise ein geradezu klassisches Mittel der Friedenssicherung, nämlich ein ungefähres Gleichgewicht, erreicht werden kann.

Edzard Reuter:
Ich setze dem ein kleines Beispiel aus der eigenen unternehmerischen Erfahrung entgegen. Früher war immer die Rede von den großen dominierenden nationalen Unternehmen. Das hat übrigens bis in die Politik hinein, mindestens in die ökonomische Geschichte hinein eine große Rolle gespielt. Heute gibt es

das nicht mehr. Daimler-Benz ist auf dem Wege, ein internationales Unternehmen zu werden. Es zählt nicht mehr der Begriff »ein großes deutsches Unternehmen«. Die Schlußfolgerungen, die Sie historisch ziehen, sind unter dem Einfluß einer technologischen Entwicklung, die wir ja in einer rapiden Geschwindigkeit durchgemacht haben – nicht nur seit Beginn des 20. Jahrhunderts, sondern insbesondere seit 1950 –, inzwischen längst überholt; die Größe ist zu einem globalen Problem geworden und kein Problem von Regionen oder Nationen mehr. Insofern gibt es auch nicht mehr das Problem eines deutschen Übergewichts in Europa.

Eberhard Jäckel:

Ich wäre sehr zufrieden, wenn man aus Deutschland ein multinationales Unternehmen machen könnte, so wie Sie aus Daimler-Benz ein multinationales Unternehmen gemacht haben. Bloß glaube ich, daß das nicht geht, und daß deswegen Ihre Analogie nicht trägt . . .

Helmut Schmidt:

Es ist ganz sicher richtig, daß das zahlenmäßige Gewicht Deutschlands und das in zehn Jahren oder so zu erwartende ökonomische Gewicht Deutschlands für viele ein Problem ist. Deswegen muß man aber Europa nicht regionalisieren. Das wird außer einigen deutschen Intellektuellen in den anderen Nationen niemanden begeistern, außer vielleicht die Wallonen und die Flamen und die Liga Nord in Italien. Das ist ein Vorschlag, der *contre cœur* der meisten europäischen Nationen gehen würde und deswegen keine Chance zur Verwirklichung hat. Es gibt andere Methoden, das Übergewicht zu verringern. Ich weise darauf hin, daß Kalifornien auch nur zwei Senatoren nach Washington entsendet – genau wie die so viel kleineren US-Staaten Rhode Island oder Connecticut.

Eberhard Jäckel:

Ja, aber unsere Aufgabe ist doch nicht, Beifall zu finden für Lösungen, die wir vorschlagen. Wir sollen uns etwas überlegen, langfristige Vorstellungen, Visionen entwickeln.

Vorsicht vor Visionen?

Edzard Reuter:

Ich habe große Zweifel, ob es im Augenblick – und ich spreche nicht von taktischen, sondern von wirklich strategischen Überlegungen – richtig wäre, sich ein visionäres, das heißt, weit in der Zukunft schwebendes Ziel vorzunehmen und allein wegen einer abstrakten Vorstellung in Kauf zu nehmen, daß wir möglicherweise deswegen die konkreten pragmatischen kleinen Schritte, die heute erforderlich sind, so erschweren, daß sie nicht mehr getan werden können. Hierzu gehört die Diskussion über den Europäischen Bundesstaat oder den Europäischen Staatenbund, dies übrigens allein schon auf dem Hintergrund der semantischen Probleme, die es deswegen in den verschiedenen Sprachen der Europäer gibt. Franzosen verstehen zum Beispiel etwas ganz anderes als die Engländer unter diesen Begriffen. Ich halte das für eine fast schon die eigentliche Zielsetzung der weiteren Integration gefährdende Diskussion, die sich übrigens, um bei historischen Reminiszenzen zu bleiben, auch vor der Reichsgründung in Deutschland abgespielt hat. Damals ist sehr abstrakt zwischen Großdeutschen und Kleindeutschen diskutiert worden, während Bismarck im Grunde genommen die ganze Diskussion relativ egal war, weil er immer nur an die preußische Dominanz in Deutschland und in Europa gedacht hat.

Was wirklich geschehen muß, ist, daß darüber gesprochen wird, ob wir uns auf eine gemeinsame Außen- und Verteidigungspolitik in Europa verständigen können, ohne daß deswegen schon eine souveräne europäische Regierung existieren muß. Wir in unserem Unternehmen sind nur ein Beispiel von vielen dafür, wie es auch gehen könnte: Wir unterhalten uns ebenso pragmatisch wie konkret darüber, wie wir das Zusammenspiel zwischen französischen Unternehmen und dem unseren verstärken können. Wir sind in der Folge längst weitergekommen, wir sind kein deutsches Unternehmen mehr im traditionellen Sinne des Wortes, und wir wollen es immer weniger sein. Vielmehr werden wir täglich mehr ein europäisches, vielleicht sogar ein internationales Unternehmen. Das sind die eigentlichen Schritte, über die diskutiert werden muß, und nicht so sehr abstrakte Fragen.

Eberhard Jäckel:
Aber das eine schließt das andere doch nicht aus. Man kann doch kurzfristige Lösungen anstreben und zugleich langfristige Ziele haben. War es denn eine schädliche Vorstellung, daß Winston Churchill nach dem Zweiten Weltkrieg die Vision von einem vereinigten Europa entwickelte? Wenn man ihm damals entgegengehalten hätte, die Vision sei schädlich, weil erst die Wiederaufbauprobleme gelöst werden müßten, dann wäre das doch keine sachgemäße Antwort gewesen. Das eine war nötig und das andere auch.

Edzard Reuter:
Ich glaube, wie gesagt, wir müssen wissen, daß wir weiterkommen wollen in der Integration. Ich sage es nochmal. Aber ich warne nicht nur aus taktischen Gründen davor, allzusehr über Endziele, die wir anstreben, zu sprechen, weil keiner von uns das Endziel in Wirklichkeit genau formulieren kann. Ich jedenfalls nicht. Wenn wir das tun, würden wir nämlich Gefahr laufen, daß wir in der tagespolitischen Diskussion und im

Verhalten der Verantwortlichen in der Wirtschaft, in der Politik, wo auch immer, Hemmnisse erzeugen, die das Gegenteil dessen bewirken, was wir wollen. Ich möchte keinen falschen Zungenschlag in diese Diskussion einbringen. Auch nicht, insbesondere nicht, gegenüber unseren europäischen Partnern, die natürlich, wir haben darüber gesprochen, im Hinterkopf voller Vorbehalte sein können.

Denken Sie einmal daran: Was wäre denn aus der ganzen Ostpolitik, die letzten Endes, sage ich, der wesentliche Grund dafür war, daß die Wiedervereinigung stattgefunden hat, was wäre denn aus der Ostpolitik geworden, wenn wir ständig gesagt hätten, ihr Ziel sei die Wiedervereinigung Deutschlands. Was wäre denn daraus geworden? Auch hier ist gehandelt worden, meine ich, von den Patrioten, die diese Politik konzipiert und verfolgt haben, mit etwas im Hinterkopf, was im Grunde genommen auch unsere Verbündeten immer wußten, vielleicht nicht wollten, aber immer wußten. Es war eine sehr konsequente Politik, die oft abgeirrt ist, die Fehler gemacht hat, der manches vorgeworfen werden kann. Wenn wir Timothy Garton Ash lesen, dann weiß man hinterher alles besser. Aber diese Ostpolitik war ein Musterbeispiel dafür, wie man zielstrebige Politik machen kann, ohne abstrakt visionäre Ziele ständig vor sich herzutragen.

Eberhard Jäckel:
Ich habe die Ostpolitik auch unterstützt. Mein Endziel war aber nicht die Wiedervereinigung, sondern die Wiederherstellung der Menschenrechte und der Freiheit in möglichst vielen Gebieten der Welt. Das ist auch jetzt mein Endziel, und meine Sorge ist, daß die Vereinigung zu Entwicklungen führt, die die Menschenrechte und die Freiheit erneut gefährden.

Helmut Schmidt:

Ich denke, Edzard, Sie haben recht, es war richtig, bei der Ostpolitik nicht dauernd dazuzusagen: »Wir machen es aber, um eines Tages das deutsche Volk wieder unter einen gemeinsamen Hut zu bringen«. Denn das entscheidende Element war der Rückhalt im Westen durch das Nordatlantische Bündnis und durch die Europäische Gemeinschaft, worüber die Moskowiter nie Zweifel haben konnten. Und der entscheidende Auslöser war der innere Zusammenbruch der Sowjetunion, ohne den all das nicht möglich gewesen wäre. Das ist aber ein anderes Thema.

Ich habe einen Einwand gegen den Gebrauch des Wortes Vision oder langfristige Vision. Mir sind Leute mit Visionen immer als gefährlich erschienen. Jedenfalls soweit sie in der Politik zu handeln hatten. Soweit sie darüber schreiben, mag das angehen. Ich bin für Zielsetzungen in überschaubarer Zukunft, und ich bin dafür, daß man diese Ziele dann pragmatisch erreicht. Einen Schritt nach dem anderen. Da gibt es auch Rückschläge, die muß man überwinden, dann kann man auf den alten Stand zurückkehren und anschließend wieder einen Schritt nach vorne gehen.

Eberhard Jäckel:

Ich würde gerne wissen, wie lang diese überschaubare Zeit ist. Zehn Jahre? Dreißig Jahre?

Helmut Schmidt:

Es kommt darauf an, von welchem Feld Sie sprechen. Wenn Sie sich z. B. das Feld der deutschen Finanzpolitik anschauen, da würden mir zehn gerade eben noch als überschaubar vorkommen. Auch wenn ich die zu bedienende Staatsschuld einbeziehe, die wir gegenwärtig aufnehmen, und den zukünftigen Zustand der deutschen Rentenversicherung einbeziehe, dann ist das ein notwendiger Zeitraum, für den ich mir meine Ziele vorstellen muß. Wenn ich von der Erwartung oder der Wünschbarkeit oder der Notwendigkeit rede, eine gemeinsame Außen- und Sicherheitspolitik in der Europäischen Gemeinschaft zu betreiben, da reichen mir zehn oder zwölf Jahre nicht aus. Aber ich kann auch nicht dreißig Jahre in die Zukunft denken. Und deswegen verzichte ich darauf, Spekulationen in die Welt zu setzen.

Wenn ich mir vorstelle, daß die gegenwärtige Rezession in Deutschland den Schleier weggezogen hat von einer Reihe von Branchenstrukturkrisen der deutschen Industrie und wir nun, Gott sei Dank, dabei sind zu begreifen, daß wir mit ganz neuen Produkten an die Weltmärkte gehen müssen, die die anderen einstweilen noch nicht herstellen können, und daß wir das, was wir auf dem Reißbrett fertig, sogar als Modell laufen haben, wie etwa den Magnetschwebezug, erstmalig in Deutschland selbst verwirklichen, damit es auch woanders verkauft werden kann, dann handelt es sich um einen Zeitraum von nur vier oder fünf Jahren. Die Zielvorstellungen sind also je nach Feld verschieden. Manchmal handelt es sich um vier bis fünf Jahre, manchmal um zwölf. Ich glaube nicht, daß man sehr viel weiter in die Zukunft planen darf. Vorstellungen darf und sollte man haben. Aber sie dann etwa in Gesetze oder in eine europäische Verfassung oder in einen Vertrag wie den von Maastricht hineinzuschreiben, da hab' ich meine Zweifel. Ich bin ein gebranntes Kind, was Visionen angeht.

Leviathan: Die europäische Bürokratie

Ich frage nicht nach europäischer Vision und nicht, ob man die Nationalstaatlichkeit der europäischen Völker überwinden kann durch Aufteilung in Regionen. Ich frage nach den nächsten Schritten, die möglich und die wünschenswert sind. Einer der wünschenswerten Schritte ist, den beteiligten Nationen Europas die Angst zu nehmen vor dem Leviathan der europäischen Bürokratie in Brüssel, der beinahe jede Woche Anlaß zu neuen Besorgnissen gibt. Da muß man genau hingucken. Die römischen Verträge sahen einen Ministerrat vor. Tatsächlich gibt es deren, ich weiß nicht, wie viele, vierzehn oder siebzehn. Jeder Kabinettsminister in Paris, in Bonn oder in London legt Wert darauf, seinen eigenen Ministerrat zu besitzen. Es gibt einen Rat der Gesundheitsminister z. B., der steht gar nicht im Vertrag, er hat sich entwickelt – weg damit! Diese Ministerräte erfinden am laufenden Band Regulierungen, Verordnungen, Erlasse, die sie zu Hause im eigenen Kabinett so nicht durchbringen würden. Da sie dort scheitern, tragen sie dieselben nach Europa. Und dann arbeiten sie zusammen mit der Bürokratie der Kommission, die ihrerseits Interesse daran hat, ihre Kompetenzen zu erweitern. Es sind auch viel zu viele Kommissare in dieser Europäischen Kommission. Wenn die Exekutive was taugen soll, kann sie nicht aus achtzehn Kommissaren bestehen. Dummes Zeug! Auch nicht aus fünfzehn. Je weniger, desto schlagfertiger. Gucken Sie sich mal das Personal an, das sich da versammelt hat in der Kommission. Das sind zum Teil Leute, die als Minister im französischen Kabinett, im deutschen oder im englischen Kabinett gar nicht ins Gewicht fallen würden, Personen dritter Qualität. Also, ohne daß deswegen ein neuer völkerrechtlicher Vertrag geschlossen werden muß: Es genügt ein politischer Beschluß der neun, nein zwölf Regierungschefs, in dem steht, wir schaffen die und die und die Räte ab. Das ist kein Verstoß gegen irgendeinen Vertrag, gegen irgendeine Verfassung. Sie werden einfach abgeschafft. Oder einen Beschluß, wir werden das nächste Mal nicht soundso viel Kommissare bestellen, sondern weniger.

Und wenn Sie Sorge haben vor dem Übergewicht Deutschlands, dann kann man es z. B. zu einem kleinen Teil dadurch verringern, daß die Deutschen und die anderen Großen eben auch nicht mehr Leute in der Kommission stellen als die Holländer, nämlich einen einzigen. Und kaum mehr Leute im Parlament stellen als die Holländer. Wir haben ja schon bisher das Parlament so zusammengesetzt, daß die größeren Nationen relativ weniger Abgeordnete drin haben als die kleinen. Das Prinzip kann man noch verstärken. Erster Schritt also ist, die Brüsseler Bürokratie durch Verschlankung, wie man heute in der Industrie sagt, auf das Wesentliche zu konzentrieren. Und die Kommission entsprechend. Das nächste ist die Rolle des Parlaments. Das Parlament ist ebenso wie die Europäische Kommission zum Teil mit Menschen besetzt, die ihrer Aufgabe nicht genügen. In diesem Hause sind zu viele. Wenn sie dem Parlament theoretisch zusätzliche Kompetenzen geben, dadurch die Konflikte mit den nationalen Parlamenten wesentlich vertiefen und so die Rolle des Europäischen Gerichtshofs wesentlich verstärken, was wiederum das Karlsruher Verfassungsgericht in Konflikt mit dem Europäischen Gerichtshof bringen würde – davon halte ich nicht viel. Die Parteien, oder wer immer die Kandidaten aufstellt, müssen bessere Leute entsenden. So einfach ist das. Und das erzwingen sie nicht durch Verträge. Der jetzig gültige Maastrichter

Vertrag ist der unbrauchbarste Vertrag, den ich je in meinem Leben gelesen habe. Ich brauchte mehr als ein Wochenende, um ihn zu verstehen. So viele Buchstaben auf einmal wie in diesem Vertrag, mit sämtlichen Anlagen, Appendices und was noch da dran hängt, das ist ein schlimmes Ergebnis bürokratischen Vollständigkeitswahns. Und zum Schluß hat man noch ein paar politische Ziele obendrauf geklebt. Ich habe mich, damit Sie mich nicht mißverstehen, für diesen Vertrag ausgesprochen, weil ein Scheitern ein Desaster gewesen wäre für die europäische Integration. Aber Maastricht ist ein typisches Beispiel: Wenn man die Bürokratie wuchern läßt, dann kommt so was dabei heraus.

Wichtigster Schritt: Gemeinsame Währung

Einer der wichtigsten – ich nehme auf, was Edzard Reuter gesagt hat –, einer der wichtigsten, gegenwärtig möglichen Schritte ist, eine gemeinsame Währung zu schaffen. Es gibt überhaupt keinen Grund, das nicht zu tun. Die Gründe, die dagegen angeführt werden, sind motiviert in bürokratischem Kompetenzimperialismus. Die Bundesbank ist die Haupterfinderin von Konditionen des Maastrichter Vertrages gewesen, die so hoch gesetzt wurden, daß Deutschland von den vier Bedingungen drei gegenwärtig nicht erfüllen kann, selbst Deutschland nicht! Die Bedingungen sind so hoch gesetzt, daß heute nur Luxemburg alle vier Bedingungen erfüllen kann. Die Bundesbank hatte das Interesse, nicht degradiert zu werden zu einer Filiale der Europäischen Währungsbank. So einfach war das! Und es gab in Bonn nicht genug Leute, die das durchschauten, deshalb hat die Bundesbank sich damit durchgesetzt. Es waren übrigens an einigen anderen europäischen Zentralbanken nicht etwa andere Instinkte am Werke. Keine

Währungsbank hat Interesse daran, in ihrer Kompetenz verkleinert zu werden. Jede Beamtenapparatur – und Währungsbanken sind nun einmal Behörden – wird eisern ihre Zuständigkeiten verteidigen und nach Möglichkeit auf Kosten einer anderen Behörde noch eher vergrößern.

Betrachten wir die Konvergenzbedingungen. Bismarck, der, ich glaube es war 1875, die damalige Reichsbank und die damalige Mark-Währung geschaffen hat, ein paar Jahre nach der Ausrufung des Deutschen Reiches, wußte natürlich ganz genau, daß der Lebensstandard in Ostpreußen unendlich viel geringer war als der Lebensstandard in Hamburg. Auch die Produktivität war völlig verschieden. Selbstverständlich hat trotzdem die gemeinsame Währung von vornherein funktioniert. Es ist auch keiner aufgestanden und hat gesagt: »Erst mal müssen wir Ostpreußen und Hamburg konvergieren lassen«. Nach der Konvergenzbedingung hätte der Sterling niemals in ganz Großbritannien eingeführt werden dürfen, solange in Schottland ein so viel niedrigerer Lebensstandard als in Kent herrscht – oder in Liverpool, Manchester oder Sheffield ein so viel niedrigerer Lebensstandard als in Oxford oder Cambridge. Das Konvergenzerfordernis ist ein künstliches Argument. Je eher, je besser! Und wenn nicht alle zwölf mitmachen, dann erst die alten sechs, die anderen schließen sich nachher an.

Es gibt historische Beispiele dafür, daß sowas gut funktioniert. Wenn die Gründungsväter der amerikanischen Union nach 1776 jedem Staat erlaubt hätten, eine eigene Währung zu haben und anschließend den weiteren 37 Staaten, die im Laufe der Jahrhunderte dazugekommen sind, wenn jeder der heute fünfzig amerikanischen Staaten seine eigene Währung hätte und eine Luftfahrtgesellschaft mit Basis Atlanta Flugzeuge bestellen müßte in Seattle bei Boeing, von denen das letzte erst in sieben Jahren ausgeliefert wird, dann hätten sie ein riesiges Währungsrisiko. Dann würden sie sich überlegen, ob sie das machen, auch wenn sie sich einigermaßen gegen dieses Währungsrisiko absichern könnten. Nein, die Amerikaner waren klug, von vornherein eine einheitliche Währung einzuführen. Ebenso die Japaner. Es gibt ein anderes historisches Beispiel vor der Haustür: die lateinische Münzunion vor dem Ersten Weltkrieg. Sie hat fabelhaft funktioniert. Die Währungen waren auf Gold basiert. Es gab eine Goldparität mit einem oberen Goldpunkt und einem unteren Goldpunkt. Dazwischen konnte die Währung praktisch schwanken; das war alles. In Wirklichkeit waren Lira und Franc dieselbe Währung, und es gab auch keine Geldmengenpolitik durch die französische Zentralbank oder durch die italienische.

Bis zum Beginn der siebziger Jahre haben die ingeniösen, klugen Verabredungen von Bretton Woods gegolten, die Eckwährung der Welt war der amerikanische Dollar, der auf dem Gold stand. Jeder Greenback mußte in Gold eingelöst werden. Das Währungsgefüge der zivilisierten Staaten war fest und zuverlässig, bis Washington das Abkommen von Bretton Woods in die Brüche gehen ließ. Danach haben wir es für Europa, Ende derselben siebziger Jahre, durch das EWS ersetzt. Das war einigen Notenbanken, vor allen Dingen der Bundesbank, immer ein Dorn im Auge. Deshalb waren sie heilfroh, als das EWS nach einem Dutzend Jahren durch Torheiten der Regierungen in London, in Rom, in Paris und in Bonn in den letzten achtzehn Monaten kaputt gemacht worden ist. Jetzt sind sie wieder völlig frei. Ich kann mich erinnern, daß der deutsche Finanzminister dazu sogar öffentlich gesagt hat: »Ein Befreiungsschlag«.

Herr Reuter hat vorhin recht gehabt, die gemeinsame Währung führt schrittweise und indirekt, ohne daß die Regierenden was dazu tun müssen, zu einer immer engeren Vernetzung der Märkte und der Unternehmen. Das scheint mir das Wichtigste. Ich füge aber hinzu: Leider bin ich überzeugt, daß die heute Regierenden in London, Paris und Rom es nicht machen werden. Sie haben den Mut nicht. Sie verstehen davon auch nicht genug.

Europa in der Welt

Edzard Reuter:

Das Beispiel der europäischen Währungsunion ist, denke ich, schlagend für die These, daß die konkreten, machbaren Schritte getan werden müssen, anstatt ununterbrochen darüber zu diskutieren, was irgendwann der Endzustand sein wird. Ich füge dem nur eine kleine Randbemerkung hinzu, die vielleicht gleichzeitig auch ein wenig die Rolle des Leviathans in Brüssel, die Rolle der dortigen Bürokratie relativiert. Gewiß gibt es die. Gewiß ist das schlimm. Gewiß sind die Auswüchse schlimm, gewiß die Zahl der Kommissare, die Zahl der Bürokraten, die dort sitzen, und das, was sie mitunter bewirken. Nebenbei gesagt, einen Riesenanteil dieser Bürokraten machen die Dolmetscher aus, die nichts anderes zu tun haben, als zwischen zwölf europäischen Sprachen hin und her zu übersetzen.

Angst vor Europa? Die Glaubwürdigkeit der Politik

Doch für mich ist das alles gar nicht das Kardinalproblem. Es wird klar, wenn wir fragen: Worin liegt eigentlich die Angst vor Europa bei vielen Bürgern in unseren Ländern, in Frankreich, in England, aber auch in Deutschland? Gibt es eine sozusagen natürliche Aversion gegen Europa, oder wird die Angst künstlich geschürt? Auch die Angst vor der angeblichen Preisgabe der Stärke der Deutschen Mark zugunsten oder zu Lasten einer europäischen Währung, dem Ecu? Woran liegt das eigentlich?

Es liegt eben nicht an der Bürokratie in Brüssel, sondern in Wirklichkeit daran, daß die Glaubwürdigkeit in unseren Ländern, in allen unseren Ländern – insbesondere aber in Deutschland, über das wir reden – verloren gegangen ist und mit ihr die Überzeugung, daß wir gemeinsam, daß vor allem die Politiker mit den Problemen, die vor uns liegen, fertig werden können. Wenn es hierzulande Vertrauen darauf gäbe, daß unsere politische Klasse in der Lage ist, die Probleme, die wir im Augenblick haben, die Probleme mit der deutschen Wiedervereinigung und mit der deutschen Befindlichkeit, aber auch die ökonomischen Probleme wirklich in den Griff zu bekommen, dann wäre die Angst vor Europa doch wohl gleich Null. Es geht eben in Wirklichkeit um die Glaubwürdigkeit der Politik.

Im übrigen ist natürlich nicht zu bestreiten, daß es im Zuge der europäischen Einigung sehr, sehr schwierige, objektive Probleme gibt. Ich erinnere nur an die Diskussionen zwischen den Franzosen und den Deutschen im Rahmen der Uruguay-Runde, der GATT-Verhandlungen, über die Frage der Landwirtschaft. Was soll denn hier eigentlich geschehen? Dahinter steckt, daß alle Regierungen – und das führt zurück zu Ihrer Eingangsbemerkung, Herr Jäckel –, daß alle Regierungen in Europa ununterbrochen neu gewählt werden müssen, und zwar in sehr kurzen Rhythmen. Wir dürfen ja nicht nur auf unsere eigene Wahlsituation schauen. Wir müssen auch wissen, daß die anderen Regierungen zwischenzeitlich gleichfalls neu gewählt werden. Das heißt, Europa ist eigentlich im Zustand permanenter Wahlen und muß immer darauf Rücksicht nehmen. Und das ist inzwischen degeneriert zu einer populistischen Rücksichtnahme auf angebliche Stimmungen, Strömungen, die durch Meinungsumfragen festgestellt werden. Zusammengefaßt: Die entscheidende Frage in Europa lautet eigentlich: Wie gewinnen wir die Stärke und die Glaubwürdigkeit der Politik zurück, mit den Problemen fertig zu werden? Erst wenn das gelungen ist, werden die entscheidenden Schritte zur Realisierung der Währungsunion, deren Notwendigkeit ich genauso wie Helmut Schmidt sehe, tatsächlich möglich werden. Sie können der Bevölkerung dann plausibel gemacht werden, wenn die, die sagen, »Wir wollen das so machen«, glaubwürdig und kompetent sind. Mit anderen Worten, es geht in Wirklichkeit bei dem Thema der europäischen Integration um die Wiederherstellung der Glaubwürdigkeit deutscher und europäischer Politik.

Eberhard Jäckel:
Vielleicht ist Vision ein ungeeignetes Wort. Im Englischen klingt es etwas besser. *Vision* hat eine etwas andere Konnotation. Aber ich denke, daß Politik bestimmte programmatische Leitvorstellungen haben muß, und in der Innenpolitik zum Beispiel heißt das für sozialdemokratische Politik, vielleicht auch für demokratische Politik überhaupt, daß man anstreben muß, mehr Gleichheit unter den Menschen herzustellen. Das ist eine Tendenz, die seit dem 18. Jahrhundert anhält und die man fortschreiben könnte.

Helmut Schmidt:
Nur daß das Wort Tendenz mir sehr viel besser klingt in dem Zusammenhang als Vision.

Eberhard Jäckel:
Ich möchte über diese Begriffe gar nicht streiten. Aber dies scheint mir ein Maßstab zu sein, an dem Politik sich zu orientieren hat im Inneren . . .

Edzard Reuter:
Ich möchte nicht unterbrechen . . .

Eberhard Jäckel:

Sie tun es aber ...

Edzard Reuter:

... weil Sie die Sozialdemokratie angesprochen haben und ich ein bewußtes Mitglied der SPD bin, füge ich hinzu, daß es meiner Meinung nach nicht um die Gleichheit der Menschen, sondern um die Chancengleichheit geht.

Menschenrechte weltweit?

Eberhard Jäckel:

Einverstanden. Ich habe die Gleichheit ja noch gar nicht definiert. Es geht um die Gleichheit der Rechte und der Chancen. Ich wollte das fortführen und sagen, daß man eine ähnliche Vision (ich bleibe bei dem Ausdruck) auch in der Außenpolitik haben kann, und die heißt Friedenssicherung und das Bemühen, daß die Menschenrechte möglichst weitgehend in Geltung bleiben.

Helmut Schmidt:

In Geltung bleiben, dort wo sie heute gelten, oder wollen Sie sie ausdehnen bis auf die Fidschi-Inseln?

Eberhard Jäckel:

Ja, ja, eindeutig ja.

Helmut Schmidt:

Ich bin nicht der Meinung, daß es Aufgabe der Deutschen ist, die Menschenrechte bis nach Fidschi zu propagieren oder bis nach Guandong oder bis nach Birma. Ich bin auch sehr im Zweifel, ob die Amerikaner recht daran tun, das zu propagieren. Wir Deutschen haben die schlimmsten Verstöße gegen die Menschenrechte gerade erst vor einem halben Jahrhundert hinter uns. Wo ist eigentlich unsere Legitimation, andere zu belehren? Und die Amerikaner haben ihre Sklaverei auch erst hundertdreißig Jahre hinter sich. Wo ist ihre Legitimation, andere Staaten, mit einer zum Teil sehr alten Kultur, zu belehren? Staaten mit anderen Grundwerten und anderen Vorstellungen des menschlichen Zusammenlebens, als wir sie hier in Europa seit Thomas von Aquin oder seit der Aufklärung entfaltet haben? Ich würde, damit ich nicht mißverstanden werde, ich würde im eigenen Lande und in der Europäischen Union bereit sein, mit Zähnen und Klauen, notfalls unter ganz großen persönlichen Opfern, die Menschenrechte zu verteidigen. Aber bei der Expansion in andere Erdteile rate ich uns Deutschen sehr viel mehr Bescheidenheit an.

Rußland und Europa

Es ist in der ganzen Menschheitsgeschichte noch nie vorgekommen, daß in einem kleinen Teil der Erdoberfläche, in diesem Falle in diesem sehr kleinen europäischen Kontinent, der, wenn man den Globus anguckt, ein Anhängsel an die asiatische Landmasse ist, daß in einem kleinen Teil der Erdoberfläche drei Dutzend Nationen, es mögen mehr oder weniger sein, mit fast ebenso vielen verschiedenen Sprachen, die sich im Laufe von zehn Jahrhunderten entwickelt haben, es gleichwohl fertiggebracht haben, in einem erheblichen, erstaunlichen Maße eine gemeinsame Kultur der Literatur, der Philosophie, des Rechtes, eine gleiche politische Kultur der Demokratie – wir Deutschen waren die letzten, die da eingestiegen sind – zu entwickeln. Das hat es nicht in China gegeben, nicht im Zwei-Strom-Land, nicht in Ägypten, nicht in Vorderasien, nicht in Indien und nicht in Amerika. Das gemeinsam hervorgebrachte kulturelle Geflecht Europas ist einmalig – und es ist durchaus im Bewußtsein der europäischen Völker vorhanden.

Man soll bei all den heutigen Rätseleien über die Zukunft bitte nicht daran vorbeisehen, daß Rußland an diesem kulturellen Mosaik, das in jeder Generation weiterlebt und neue Hinzufügungen erlebt, von der Architektur bis zur Kultur des Rechtes, nur gering beteiligt ist. Die Menschenrechte sind nicht in Japan oder China erfunden worden, sie konnten in China nach Tausenden Jahren Konfuzianismus auch gar nicht erfunden werden. Sie konnten ebenso wenig in Rußland erfunden werden – nach eintausend Jahren orthodox-zaristisch und später leninistisch-stalinistisch geprägter Gesellschaft und Herrschaftsform. Wir haben zwar alle Dostojewski gelesen und Tolstoi, Turgenjew, Leskow und Puschkin. Die Russen führen durchaus Verdi, Wagner oder Shakespeare auf. Und wir Tschaikowski, Strawinsky und Gorki. Aber darüber hinaus ist der Beitrag der Russen z. B. zur europäischen Architektur und zur europäischen Malerei gering, wenngleich sie große emphatische Sympathien entwickelt haben, z. B. für den französischen Impressionismus oder für englische Landschaftsmalerei. Der Beitrag der Russen zur politischen Kultur Europas ist Null. Der Beitrag der Russen zur Rechtskultur Europas ist Null. Der Beitrag der Russen zur wirtschaftlichen, zur unternehmerischen Kultur Europas ist Null. Ich habe aus der ganzen russischen Romanliteratur des 19. Jahrhunderts keine Unternehmerfigur in Erinnerung. Eine einzige gibt es, und die ist typischerweise ein Deutscher, der in Rußland lebt. Anders als sich manche das vorstellen, die weder von der Geschichte noch von der Welt eine Ahnung haben, weder von der Seele unserer Nachbarvölker noch insbesondere von der Seele der Russen, ist tatsächlich die Nähe zwischen Schweden, Norwegern, Dänen, Esten, Letten, Polen, Tschechen, Deutschen, Italienern, Holländern, Franzosen, Belgiern etc. viel größer als die Nähe irgendeines von uns gegenüber Rußland. Es hat keinen Zweck, diesen Unterschied zu ignorieren. Die Russen werden sich nicht wesentlich ändern, und eine der großen Unbekannten des Zeitraums, über den wir hier reden, die nächsten zwanzig oder dreißig Jahre, ist die weitere Entwicklung Rußlands. Gegenwärtig verbreiten die Regierenden von Washington bis Bonn Sympathie für Herrn Jelzin, der beinahe durch einen Staatsstreich gestürzt worden wäre. Im Laufe der nächsten dreißig Jahre kann es weitere Staatsstreiche oder Staatsstreichversuche geben. Ob das Experiment, eine Marktwirtschaft in Rußland zu errichten, Erfolgsaussichten hat, wage ich nicht zu beurteilen. Möglicherweise wird die Marktwirtschaft am besten dadurch etabliert, indem man den schwarzen Markt zum eigentlichen Markt erklärt. Es gibt in Rußland keine unternehmerische Tradition. Es gab ein paar wenige Unternehmer in der Ukraine und am Donez, es gab ein paar Händler in Moskau, es gab ein paar Industrielle in St. Petersburg, Export- und Importhändler, Reeder und Schiffbauer.

Edzard Reuter:
Auch Deutsche ...

Helmut Schmidt:
... ja, und Holländer und Schweden. Aber sie wurden entweder enteignet und/oder vertrieben, spätestens seit 1927 von Stalin absolut platt gemacht. Und wenn Sie heute in Rußland Unternehmer haben wollen, dann brauchen Sie dazu erst eine Nacht, anschließend müssen Sie neun Monate warten und dann müssen Sie dreißig Jahre der Erziehung und Ausbildung investieren in den Menschen. Wenn's gut geht, wenn Sie Glück haben, ist ein Unternehmer aus ihm geworden. Das ist eine andere Kultur, und man muß sie anerkennen in ihrem

Anderssein! Die Idee einiger idealistischer Amerikaner, Demokratie nach Rußland bis nach Wladiwostok zu exportieren, ist genauso abwegig wie ihre Idee, in eine seit Tausenden von Jahren konfuzianisch geprägte chinesische Gesellschaft – gegenwärtig von Kommunisten beherrscht, die ja dort doch auch Konfuzianer sind, wie anders könnte ein neunzigjähriger Deng Xiaoping eine solche Rolle spielen in diesem Land? – unsere Wertvorstellung von den Rechten des Individuums zu verpflanzen. Das alles ist gut gemeinter Idealismus, anerkennenswert moralisch, aber ganz unhistorisch und ganz unpolitisch.

In Rußland gibt es Faktoren, die für uns sehr schwer vorhersehbar sind und die eine ständige Versuchung für die Deutschen darstellen können. Dies ist übrigens der Angsttraum der Polen. Wenn die Polen heute in die NATO eintreten möchten, dann nicht nur aus Angst vor den Russen, sondern auch aus Angst vor den Deutschen und aus Angst vor einem Zusammenspiel dieser beiden, die gemeinsam Polen mehrmals geteilt hatten. An drei polnischen Teilungen, die wir in der Geschichte gelernt haben, waren allerdings nicht die Deutschen, sondern die Preußen und die Österreicher beteiligt. Das zählen die Polen für die Deutschen. Die vierte Teilung fand bekanntlich zwischen Stalin und Hitler statt.

Edzard Reuter:

Was Sie da beschreiben, ist ja gleichzeitig eine Begründung für die Sorge, über die wir reden. Es ist die Beschreibung dessen, warum eigentlich dieses Europa in der Geschichte eine so große Kraft entfaltet, die Demokratie erfunden und umgesetzt hat, im Grunde genommen auch das industrielle Zeitalter angeschürt und möglich gemacht hat. Das sind ja doch alles nicht nur Ergebnisse der großen Ideen der Aufklärung, sondern sie gehen im Grunde genommen auf das gemeinsame Erbe zurück, das nicht nur ein christliches, sondern auch ein jüdisches und humanistisches Erbe ist. Die Deutschen sind einerseits Teil der großen europäischen, der westeuropäischen Tradition; sie sind in ihr aufgewachsen und haben sie sogar weitgehend mit beeinflußt und bestimmt. Auf der anderen Seite haben wir Deutschen offensichtlich wie Dr. Jekyll und Mr. Hyde einen zweiten Teil unserer Seele. Und dieser zweite Teil unserer Seele ließe sich durchaus beschreiben als eine Neigung zu all dem, was möglicherweise – ich lasse jetzt einmal den schrecklichen Einschnitt des Stalinismus beiseite – immer noch Teile der russischen Seele und Tradition bewegt, was man personifizieren kann in einem Mann wie Solschenizyn, der ganz sicher doch Symbolkraft hat und – nicht von ungefähr übrigens – enormen Einfluß in Deutschland ausübt. Abgesehen von dem Einfluß, den er auch in Amerika gewonnen hat, aus ähnlichen Gründen – aber lassen wir das mal außer acht.

Unser deutsches Dilemma tritt also klar zu Tage: Einerseits die traditionelle historische, kulturhistorische Einbindung nach Westeuropa und andererseits diese Brücke unserer unterschwelligen Neigungen zum Osten, natürlich verkörpert im Russischen. Hieraus entsteht ja ein Teil der Gefahr, über die wir reden. Das heißt aber, daß sich die Deutschen und mit ihnen die anderen Europäer gemeinsam viel mehr Sorgen, als das bisher geschehen ist, über die Zukunft Rußlands machen müssen, die wir nicht beeinflussen, die wir nicht bestimmen, an der wir aber sicherlich mitwirken können. Ich bin Ihrer Meinung, Helmut Schmidt, es sind blauäugige Absichtserklärungen, wenn man fordert, man möge dort von heute auf morgen pure westliche Demokratie einführen und man möge von heute auf morgen dort die Menschenrechte drüberschütten, dann werde alles schon von selber passieren. Das sind schon deshalb sehr blauäugige Vorstellungen, weil jeder sehen kann, daß natürlich das allrussische Bestreben, das die russische Geschichte so lange bestimmt hat, heute noch ganz virulent weiterlebt, wie die Wahl zur Duma im Dezember 1993 deutlich bewiesen hat. Diese doppelte Geschichte, das ist ja einerseits die Befürchtung, die wir haben müssen, aber andererseits die Herausforderung für die Deutschen, im Rahmen der europäischen Integration Sorge zu tragen, daß wir es als gemeinsame Aufgabe der Europäer ansehen und nicht der Deutschen allein, das Verhältnis zum künftigen Rußland behutsam zu ordnen.

Helmut Schmidt:

Den letzten Satz möchte ich dreimal unterstreichen: Als gemeinsame Sorge der Europäer.

Eberhard Jäckel:

Das russische Reich ist ja im Laufe dieses Jahrhunderts schon einmal in seine Bestandteile zerfallen, nämlich am Ende des Ersten Weltkrieges und nach der Revolution oder nach den Revolutionen von 1917. Dann ist Stalin gekommen und hat den erfolgreichen Versuch gemacht, dieses Reich wieder aufzubauen. Ich bin völlig Ihrer Meinung, daß das eine Prognose ist, mit der man rechnen muß, und dies kann mit sehr großen Risiken verbunden sein. Aber ich denke, wir sollten mehr von unseren Problemen reden als von den Problemen der anderen.

Polen und Europa

Deswegen noch einmal zurück zur deutschen Vereinigung. Ich will noch eine andere Vision entwerfen, und die betrifft das deutsch-polnische Verhältnis. Muß es nicht ein Ziel der deutschen Politik sein, ein Verhältnis zwischen dem vereinigten Deutschland und Polen herzustellen, wie es nach dem Zweiten Weltkrieg zwischen Westdeutschland und Frankreich hergestellt worden ist? Ich sehe bisher niemanden, und ich bedauere das, weder auf der deutschen noch auf der polnischen Seite, der mit der gleichen Dramatik wie einst Konrad Adenauer, Robert Schuman und dann Charles de Gaulle diese Vision verfolgen. Wäre das nicht aber nötig? Es hieße möglicherweise, daß Polen Mitglied der NATO werden sollte. Ich bin nicht dafür, daß wir viele osteuropäische Länder in die NATO aufnehmen. Aber Polen könnte eine Ausnahme sein. Doch mein Ziel ist zunächst, das deutsch-polnische Verhältnis so problemfrei zu machen, wie es das deutsch-französische in den letzten dreißig, vierzig Jahren geworden ist.

Helmut Schmidt:
Ich glaube nicht, daß Sie wirklich gemeint haben, daß das Verhältnis zwischen Deutschen und Franzosen problemfrei sei. Das ist es nicht. Und Sie sollten auch das Verhältnis zwischen Adenauer und de Gaulle in bezug auf die Auswirkungen der Mentalitäten, der Franzosen gegenüber Deutschland oder der Deutschen gegenüber Frankreich, nicht überschätzen. De Gaulle kam ein Jahrzehnt nach Begründung der deutschen Bundesrepublik in sein Amt, die gemeinsamen Amtszeiten von de Gaulle und Adenauer sind nur wenige Jahre gewesen. Jetzt muß ich mal was Anmaßendes sagen. Ich glaube, daß die Mentalitäten der beiden Völker bisher am

besten aufeinander eingestellt worden sind durch das Beispiel, das sieben Jahre lang Giscard d'Estaing und ich gegeben haben. Und daß seither die Qualität wieder ein bißchen nachgelassen hat. Symbolische Akte wie die Ausrufung eines europäischen Armeekorps, von dem der kommandierende General nicht weiß, was sein militärischer Zweck eigentlich ist und auf welche Aufgaben er seine Truppen vorbereiten soll, wirken in Wirklichkeit nicht auf die Mentalitäten der Völker zurück. Ich stimme Ihnen ganz ausdrücklich zu, daß wir eine große Aufgabe darin sehen müssen, in ähnlicher Weise, wie wir uns um das gute deutsch-französische Nachbarschaftsverhältnis bemühen, uns um das deutsch-polnische Verhältnis zu bemühen. Ich war dieser Meinung schon in den sechziger Jahren, als ich auf eigene Faust einen politischen Erkundungsbesuch in Warschau gemacht habe, obwohl damals die Kommunisten dort regierten. Das gehört übrigens dazu, daß man Nachbarschaftsverhältnisse herstellen muß als Deutscher, auch wenn einem die Regierungen im Nachbarland nicht so sehr gefallen. Und Sie haben recht, mit der Ausnahme von einigen wenigen Personen in Deutschland, dazu gehören Marion Dönhoff und Karl Dedecius, gibt es nicht so sehr viele Deutsche, die sich heute sichtbar darum bemühen. Sie haben in dem Zusammenhang von der NATO gesprochen. Das ist in meinen Augen gegenwärtig voreilig.

Pulverfaß Balkan

Sie müssen, was die strategische Einbindung Polens angeht, sehr unterscheiden. Polen muß Mitglied der Europäischen Union werden, sobald es die polnischen ökonomischen Erholungsprozesse erlauben. Auch wenn das uns Opfer kostet, weil Polen natürlich ein Billiglohnland bleiben und unserer Industrie auf manchen Gebieten erhebliche Konkurrenz machen wird, wodurch bei uns Arbeitsplätze verloren gehen. Aber etwas anderes ist, das NATO-Gebiet an die polnische Ostgrenze auszudehnen. Da muß man dann übrigens sich auch überlegen, unabhängig von der bisher nicht zu übersehenden Entwicklung in Rußland und in der ganzen Gemeinschaft unabhängiger Staaten, früher Sowjetunion genannt: Wollen wir in solchem Fall den Ungarn eine NATO-Mitgliedschaft verweigern? Und den Tschechen? Und wollen wir sie den Slowaken und Slowenen verweigern? Und den Litauern, den Esten und den Letten? Ich würde da ein bißchen zurückhaltender sein.

Es hängt übrigens auch sehr davon ab, welche Entwicklung der Balkan nehmen wird. Es hat dort schon im 19. Jahrhundert, als man von dem Osmanischen Reich als von dem kranken Mann am Bosporus geredet hat, keinen dauerhaften Frieden gegeben. Immerhin war aber damals doch der türkische Einfluß auf dem Balkan ganz erheblich und ebenso der habsburgische Einfluß der österreichisch-ungarischen Doppelmonarchie. Die beiden sind 1919 zusammengebrochen. Dann wurde statt dessen der Kunststaat Jugoslawien errichtet; acht Nationen und Nationalitäten unter einem Deckel. Das ging nicht sehr friedlich ab. Nach 1945 wurde ein einigermaßen friedlicher Zustand auf dem Balkan erhalten. Weswegen? Weil der Antagonismus zwischen Ost und West schwere Schlagschatten auf den Balkan warf, weil Bulgarien, Ungarn, Rumänien und frühere Teile Rumäniens, die inzwischen zur Sowjetunion geschlagen worden sind, heute heißt das Moldawien, unter dem Machtdaumen Moskaus standen. Und weil Herr Tito ein hochbegabter, aber auch ein rücksichtsloser Diktator war. Mit einer großen Armee, die auf ihn eingeschworen war.

Mit einer großen Geheimpolizei, mit Meinungsdiktatur, Pressezensur, und so weiter. Tito war rücksichtslos auch gegen eigene Freunde, denken Sie an Milovan Djilas und wie sie alle geheißen haben. Wenn der Westen ein ähnliches Maß von Nicht-Krieg-Führung auf dem Balkan herstellen will wie zu Titos Zeiten, dann muß er ähnliche Machtmittel einsetzen. Die hat er nicht, und er hat auch keine moralische Legitimation, solche Machtmittel einzusetzen. Die öffentliche Meinung in Westeuropa, auch in Amerika, würde das gar nicht dulden. Ergo bleiben die Verhältnisse auf dem Balkan für die nächsten Jahrzehnte unübersichtlich und gefährlich. Wir haben in den letzten beiden Jahren in Deutschland fast zwei Millionen Ausländer aufgenommen. Ein großer Teil davon kam aus dem Balkan. Der nächste Balkankrieg kommt so sicher, wie der nächste Winter kommt. Er muß nicht in Bosnien stattfinden, es gibt viele andere offene Nationalitätenkonflikte, die von außen nicht geregelt werden können. Der Historiker wird sich erinnern, daß auch zur Zeit der Berliner Konferenz, 1878, Bismarck nur für eine bestimmte Zeit auf dem Balkan Ruhe hat schaffen können. Ihm war aber ein dauerhafter Friede dort nicht die Knochen eines einzigen pommerschen Grenadiers wert, wie er mal gesagt haben soll.

Die Rolle der NATO

Auch die Balkanfrage hat große Bedeutung für die Frage, die Edzard Reuter gestellt hat: Was ist eigentlich die Aufgabe des Nordatlantischen Bündnisses in der Zukunft? Wir wissen das zur Zeit nicht. Mein Freund Peter Carrington hat gesagt: »Es muß erst mal der Staub sich setzen, ehe wir dieser Frage näher treten können.« Herr Wörner ist da bißchen reichlich voreilig. Nicht alle Fragen kann man heute schon beantworten. Die

Frage, wieweit Polen, nicht nur zur Europäischen Union, was ich für dringend halte, sondern auch zur NATO gehören soll, hängt ab von all diesen Dingen, für die ich weder dreißig noch zwölf Jahre in die Zukunft schauen kann, noch nicht mal zwölf Monate, wenn ich ehrlich bin.

Eberhard Jäckel:
Als Historiker sehe ich das in größerer Perspektive. Was zunächst noch einmal das deutsch-französische Verhältnis betrifft, so ist erreicht worden, daß ein Krieg zwischen Deutschland und Frankreich nach menschlichem Ermessen ausgeschlossen ist. Das war eine Folge der europäischen Integration. Der Deutsche Bund von 1815 schloß noch nicht aus, daß es 1866 zu einem Krieg zwischen den Mitgliedern kam. Es muß nun zwischen dem vereinigten Deutschland und seinen osteuropäischen Nachbarn einen Zustand geben, in dem Kriege unmöglich sind, und das gilt zunächst für das deutsch-polnische Verhältnis, weil Polen unser größter unmittelbarer Nachbar ist. Ich bleibe nicht unbedingt bei meinem Vorschlag, Polen in die NATO aufzunehmen. Immerhin sagte Henry Kissinger kürzlich, nicht alle, aber ein paar osteuropäische Staaten könnten in die NATO aufgenommen werden, und nannte dabei Polen. Dabei ist natürlich vorausgesetzt, daß die NATO nicht in der alten Konfrontation zu den weiter ostwärts liegenden Ländern verharrt, sondern ein erträgliches Verhältnis auch zu Rußland, auch zur Ukraine herstellt.

Helmut Schmidt:
Das führt dann dazu, daß die NATO ein Bündnis zum Schutze von Bündnismitgliedern gegen andere Bündnismitglieder wird.

Eberhard Jäckel:
Untereinander auch.

Helmut Schmidt:

Ja, das ist aber dann ganz was anderes als die bisherige NATO.

Edzard Reuter:

Ich weiche in der Einschätzung der Situation in Polen und in den anderen östlichen Nachbarländern keinen Deut von dem ab, was Helmut Schmidt gesagt hat. Ich stimme dem vollkommen zu, einschließlich der Schlußfolgerungen für die NATO. Und ich bleibe bei meiner These: Wenn wir, worüber wir offensichtlich übereinstimmen, im Interesse einer Verhinderung auch nur der Spur einer Gefahr, daß Deutschland je wieder in die Versuchung kommen könnte, eigene Wege zu gehen, weiterkommen wollen, müssen wir die europäische Integration vorantreiben. Unverzichtbare Voraussetzung dafür ist, daß wir zunächst einmal in Deutschland selber, aber untrennbar davon auch in den Teilen, die bisher die Europäische Union ausmachen, die Kraft und die Stärke aufbringen, unsere aktuellen Probleme anzugehen. Diese aktuellen Probleme heißen: Die Struktur unserer Wirtschaft in Ordnung zu bringen, die Frage der Arbeitslosigkeit, insbesondere der Jugendarbeitslosigkeit zu lösen. Wenn uns diese Grundvoraussetzungen nicht gelingen, wird alles andere in Richtung europäische Integration nichts sein. Und dann brauchen wir über das Thema »Was geschieht mit Osteuropa?«, »Was geschieht mit unseren Nachbarländern?« gar nicht mehr sehr lange nachzudenken, weil wir dann nämlich ganz ungeahnte andere Probleme heraufbeschwören, zum Beispiel eines Tages die Gefahr eines deutschen Sonderweges.

Was aber ist in Richtung der Integration Ostmitteleuropas zu tun? Auch gegenüber Polen und unseren ungarischen, tschechischen und slowakischen Partnern ist das allemal Wichtigste das Knüpfen wirtschaftlich tragfähiger Beziehungen. Helmut

Schmidt hat davon gesprochen, daß es natürlich weiter ein Lohngefälle geben wird mit diesen Ländern. Es wird sich auch um ein Problem der Wechselkurse mit den Währungen dieser Länder handeln, wenn wir keine Migration und Immigration in unser Land aus diesen Regionen in unerträglicher Weise bekommen wollen. Dann aber könnten wir über höhere politische Ziele überhaupt nicht mehr reden. Dieses alles kann nur durch das Knüpfen wirtschaftlich vernünftiger Beziehungen verhindert werden. Deswegen ist es auch so richtig, daß deutsche Unternehmen jetzt anfangen, in Kooperation mit polnischen oder tschechischen Unternehmen oder auch aus eigener Initiative dort Arbeit hinzubringen.

Helmut Schmidt:
Zulieferungen von dort . . .

Edzard Reuter:
Zulieferungen von dort zu bekommen oder zu kooperieren. Das klingt zunächst einmal für deutsche Betroffene furchtbar schlecht, ja furchterregend, weil es so aussieht, als würden wir Arbeit von hier nach dort verlagern. In Wirklichkeit ist es ein Prozeß, der ganz und gar unausweichlich ist. Wir müssen nämlich dort Arbeit auch deshalb schaffen, um vorzubeugen, daß es hier Erosionen in der europäischen Integration gibt. Also ist es ein ganz wichtiger Schritt zur weiteren europäischen Integration, diesen Weg konkret weiterzugehen.

Schlechte europäische Infrastruktur

Es gibt aber auch nach Westen ganz konkrete Dinge, die unbedingt vorangebracht werden müssen. Die klingen für die hohe Politik vielleicht wahnsinnig kleinkariert, wahnsinnig kleinkrämerisch. Nach meiner Überzeugung sind sie es jedoch nicht. Ich rede zum Beispiel davon, daß wir in Europa bisher überhaupt noch keine vernünftige Infrastruktur im Bereich der Kommunikationstechnologien, des Verkehrs geschaffen haben. Wir verschwenden zum Beispiel Milliardenbeträge, weil wir noch kein einheitliches Luftverkehrsleitsystem haben. Das zu schaffen, gehört zu den pragmatischen Schritten, die wir tun müssen. Das ganze Problem der Integration, einschließlich der neu hinzukommenden Staaten in Europa, setzt sich eben leider aus einer Fülle von pragmatischen Schritten zusammen, die allerdings alle unserer Bevölkerung, unserer Wählerschaft erst plausibel gemacht werden müssen. Denn sie spielen sich auf dem Hintergrund eines strukturellen Prozesses ab, der bei uns mit »Freisetzen von Arbeitskräften« umschrieben wird. Übrigens ist das ein Problem, was keineswegs nur die Deutschen berührt, sondern viel stärker bisher schon unsere französischen Nachbarn. Wenn Sie sich einmal in den Peripherien der großen französischen Städte umschauen, dann sehen Sie, wie dort ein gefährliches Amalgam entsteht – von Immigranten auf der einen Seite, von jungen, teilweise auch schon akademisch ausgebildeten arbeitslosen Franzosen auf der anderen Seite. Ein ungeheurer Sprengstoff liegt da herum.

Diese Probleme der Integration Europas auf dem Hintergrund solcher schwierigen strukturellen Anpassungsprobleme, die wir haben, die aber, ich sag es nochmal, nicht nur deutsche, sondern europäische Anpassungsprobleme sind, müßten wir lösen. Das geht nur, indem wir glaubwürdige Politik betreiben. Alles andere führt absolut in die Irre. Sie sagen übrigens nur zu recht, im Deutschen habe das Wort Vision einen ganz anderen Zungenschlag. Wir im Unternehmen verwenden das Wort Vision allerdings auch. Wir meinen es aber im englischen Sinne des Wortes, nämlich im Sinne einer Zielsetzung, wo eigentlich wir hin wollen, als Beschreibung einer Mission, die wir durchführen möchten.

Blick ins 21. Jahrhundert

Eberhard Jäckel:

Es gibt verschiedene Szenarien, unter denen man sich das 21. Jahrhundert vorstellen kann. Eines könnte sein, daß sich auf der nördlichen Erdhalbkugel von Nordamerika über Europa und Rußland bis Japan, Australien und Neuseeland, vielleicht einschließlich von China, eine Zone ökonomischer Prosperität und entsprechender politischer Stabilität entwikkelt, der eine südliche Erdhalbkugel von Lateinamerika über Afrika nach Südasien mit geringer ökonomischer Prosperität und entsprechender politischer Instabilität gegenübersteht. Demnach wären die großen politischen Konflikte des 21. Jahrhunderts auf der südlichen Erdhalbkugel zu erwarten, und es wäre zu fragen, wie man sie davon abhalten kann, hochexplosiv zu werden. Dabei wäre dann auch nach der deutschen Rolle zu fragen. Oder es könnte in einem anderen Szenario auch auf der nördlichen Erdhalbkugel weiterhin zu Konflikten kommen, wie wir sie jetzt auf dem Balkan sehen und wie sie sich unter den Nachfolgestaaten der Sowjetunion entwickeln können. Auch dabei wäre zu fragen, wie sich die deutsche Politik schon heute darauf einstellen kann, und die Antwort wäre vermutlich eine andere als in dem ersten Szenario.

Helmut Schmidt:

Ich würde meinen, man soll zunächst das Nächstliegende anpeilen und nicht das Fernerliegende. Es hat vor ein paar Jahren einmal eine sogenannte Stockholmer Initiative gegeben, um die Rolle der Vereinten Nationen wesentlich auszubauen. Ich habe das idealistische Bemühen, was dahintersteckt, respektiert, aber mit großer Skepsis gelesen, was da zusammengetragen wurde. Die Vereinten Nationen haben, rund gesprochen, in hundert Fällen auf Beschluß des Sicherheitsrats in alle möglichen Konflikte eingegriffen. Wenn Sie die erfolgreichen Eingriffe zusammenzählen, dann schmilzt diese Zahl ganz wesentlich zusammen. Denken Sie an die Konflikte, in die Rußland verwickelt ist. Zur Zeit gibt's auf dem Boden der ehemaligen Sowjetunion sechs Kriegsschauplätze, auf denen geschossen wird. An der Mehrzahl von ihnen sind russische Truppen beteiligt. Gott sei Dank haben ARD, ZDF und CNN dort keine Kamerateams, sonst würden wir uns noch einbilden, das sei das wichtigste Problem der Weltpolitik – so wie bis vor kurzem Somalia – und jetzt müßten wir durch einen Beschluß des Sicherheitsrats dort eingreifen. Ich würde mich etwas zurückhalten in diesen Dingen. Jedenfalls sollte Herr Kinkel nicht so viel öffentlich hörbar philosophieren über die deutsche Rolle.

Übrigens bin ich mit Ihrem Nord-Süd-Szenario nicht einverstanden. Ich sehe für die nächsten dreißig Jahre nicht, wie Rußland, wie Indien, wie Pakistan, wie Zentralasien zu den wohlhabenden nördlichen Ländern gehören sollen. Und ich sehe nicht, warum zum Beispiel Venezuela oder Argentinien oder Chile zu der Gruppe der Ärmsten der Menschheit gehören sollen. Das eigentliche Problem, nicht nur des Südens, ist die Bevölkerungsexplosion. Am Anfang dieses Jahrhunderts lebten auf der Erde 1,6 Milliarden Menschen. Gegenwärtig sind es 5,5 Milliarden, am Ende dieser neunziger Jahre werden es über 6 Milliarden sein. Gegenwärtig vermehrt sich die Menschheit jedes Jahr um rund neunzig Millionen. Das schafft auf mehrfache Weise Probleme, die, wenn die enorme Bevölkerungsexplosion nicht gestoppt werden kann, zu Konflikten führen müssen, die man nicht genau vorhersehen kann, die aber ganz sicherlich auch in den von Herrn Reuter apostrophierten Migrationen, Massenwanderungen, ihren Niederschlag finden werden. Die jedes Jahr dazukommenden neunzig Millionen Menschen wollen ihre Nahrungsmittel kochen. Das heißt, sie verbrennen entweder Holz oder Kohle oder Öl oder Gas. Von diesen sechs Milliarden am Ende unseres Jahrzehnts werden zusätzliche Hunderte von Millionen Auto oder wenigstens Autobus fahren wollen. Einige -zig Millionen werden zusätzlich fliegen wollen. Dabei verbrennt Kerosin, also auf deutsch: wiederum Mineralöl. Alles das schafft Kohlendioxyd, Kohlenmonoxyd, Schwefelsäure und was weiß ich, versaut die Atmosphäre und kann, darüber ist sich die Wissenschaft letztendlich im Augenblick noch nicht völlig einig, zu einem Erwärmungseffekt für die ganze Atmosphäre führen, zu einem *Greenhouse Effect* mit Abschmelzen der Inlandsgletscher, Abschmelzen der Eiskappen über Grönland, über der Antarktik. Dies kann dann den Pegel der Ozeane anheben. Wenn sich der Pegel – und sei es bloß während Sturmfluten – im Indischen Ozean um fünfzig Zentimeter anhebt, werden Millionen Menschen aus Bangladesh ihre Häuser verlassen und sich auf die Wanderschaft begeben müssen. Das sind ganz dicke Probleme, unabhängig vom Wohlstandsgefälle zwischen Nord und Süd.

Der Zufall will es zudem so, daß die meisten der armen Länder an der Bevölkerungsexplosion beteiligt sind – nicht alle, zum Beispiel China nicht und Indien nur in einer gedämpften Weise. Ich stimme nicht immer mit den Methoden überein, mit denen die indische Regierung, eine nach der anderen, und die chinesische Führung die Bevölkerungsexplosion gedämpft haben; aber sie haben das Problem erkannt – viel eher als wir. Was die Entwicklungshilfe zugunsten der südlichen Länder –

Sie hatten diese ja vor Augen bei dem, was Sie gesagt haben – im wesentlichen bisher geschafft hat, sind zwei Dinge: Zum einen hat sie die moderne Medizin verfügbar gemacht und damit die Kinder- und die Müttersterblichkeit ganz wesentlich gesenkt – einer der Hauptfaktoren für die Bevölkerungsexplosion, die es in der gesamten Geschichte der Menschheit seit Tausenden von Jahren so niemals gegeben hat. Und der andere Effekt ist, daß einige der Entwicklungsländer unsere Technologie erfolgreich aufgenommen haben, keineswegs die Mehrzahl von ihnen. Am erfolgreichsten die Gruppe der Länder in Südostasien, nicht nur die »four little tigers«, die inzwischen schon »rather big tigers« geworden sind, sondern auch Indonesien und Malaysia, demnächst sicherlich auch Vietnam und China etc. Aber eine große Zahl der Entwicklungsländer, insbesondere in Schwarzafrika, ist damit bisher noch nicht recht zu Potte gekommen.

Ich bin skeptisch geworden gegenüber der Entwicklungshilfe. Ich halte es für moralisch geboten, daß wir sie weiterhin geben, aber ich würde sie in der Zukunft, wenn ich das entscheiden könnte, erstens abhängig machen von der Einführung von Familienplanung in den Empfängerländern, damit die Bevölkerungsexplosion gedämpft wird, und ich würde sie zweitens von der Beschränkung des Militäraufwands abhängig machen. Wenn Sie sich die Haushalte der Entwicklungsländer angucken, all derjenigen, die Entwicklungshilfe durch die Staaten des Nordens bekommen, dann werden Sie feststellen, daß sie im Schnitt über viermal so viel Geld für militärische Zwecke ausgeben, wie sie an Entwicklungshilfe empfangen. Das ist ein heilloser Unsinn. Die zweite Bedingung für Entwicklungshilfe wäre also eine ganz wesentliche Reduzierung der Militärausgaben. Sonst kriegen wir zusätzlich zu der

Bevölkerungsexplosion im sogenannten Süden auch noch eine bewaffnete Bevölkerungsexplosion.

Edzard Reuter:
Wenn Sie vor zwanzig Jahren gefragt hätten, was ist eigentlich die Hungerregion der Welt, was ist die ärmste der armen Regionen?, dann hätte man Ihnen damals Südostasien genannt. So sicher wie das Amen in der Kirche. Ich erinnere mich noch ganz genau an die Prognosen – Indonesien, das ist das Furchtbarste vom Furchtbaren. Alles hat sich geändert, nachdem dort Öl gefunden wurde und gefördert wird. Jetzt sind das Regionen, die den Anschluß durchaus gefunden haben. Das eigentliche Problem ist jetzt Afrika. Man wird auch abwarten müssen, was mit Südafrika geschieht, wie es dort weitergeht. Alles nur unter dem Aspekt Nord – Süd zu sehen, davon halte ich jedenfalls nicht besonders viel.

Festung Europa?

Eberhard Jäckel:
Es ist gelungen, daß die Ausländer, die früher in dieses Land gekommen sind, integriert wurden. Gelingt uns das zum zweiten Mal bei dieser enormen Einwanderungswelle? Es ist ja schon ein Unterschied, ob Menschen aus demselben Kulturkreis kommen wie zum Beispiel die Polen, oder ob sie in ganz anderen kulturellen und religiösen Traditionen aufgewachsen und von ihnen mehr oder wenig stark geprägt worden sind.

Edzard Reuter:
Das ist ein Punkt, den wir vielleicht wirklich nochmal ansprechen sollten. Denn das Problem der Migration und der Bevölkerungsentwicklung ist meiner Meinung nach ein entscheidend wichtiges Thema der Zukunft Europas. Wenn ich es

richtig sehe, bekommen die Deutschen zuerst, aber die anderen Westeuropäer gleich hinterher, das Problem des Migrationsdruckes ins Haus, des Druckes, der von den sich möglicherweise sehr langsam entwickelnden Ländern ausgeht, deren Bürger nach dem vermeintlichen Paradies Europa strömen.

Helmut Schmidt:

Mindestens aus dem Mittelmeerraum.

Edzard Reuter:

Mindestens von daher. Auf der anderen Seite haben wir aber natürlich alle miteinander in Westeuropa das Problem, daß unsere hier geborene Bevölkerung immer stärker schrumpft. Das wird sich in der ersten Hälfte des nächsten Jahrtausends virulent auswirken. Es wird zu einem Problem der wirtschaftlichen, sozialen und politischen Stärke Europas werden, wenn dieses Problem nicht rechtzeitig gesehen wird.

Helmut Schmidt:

Es wird oder kann die Belastungsfähigkeit unserer Sozialsysteme auf das stärkste gefährden und die Homogenität unserer Kulturgesellschaft in Gefahr bringen.

Edzard Reuter:

Ich habe Zweifel, ob das ein sozusagen national deutsches Problem, ein Problem der Menschen deutscher Sprache oder der Angehörigen ist, die die deutsche Staatsbürgerschaft besitzen. Es ist wohl eher ein Problem der Integrationsfähigkeit Europas insgesamt, auch für die einwandernden Menschen. Wir müssen dafür Lösungen finden.

Helmut Schmidt:

Es ist ein Unterschied, ob es sich in der zweiten Generation um Nachkommen polnischer Einwanderer handelt, um die Kuzorras und die Szepans, die selbstverständlich Teile der deutschen Gesellschaft sind und sich als solche fühlen, das sind römische Katholiken. Polen hat immer zur europäischen Kultur gehört, in jeder Beziehung. Oder aber ob sie aus der Türkei stammen, die bevölkerungspolitisch explodiert und kein Öl hat, womit sie die Leute ernähren kann. Ober ob sunnitische Moslems herkommen. Oder Menschen aus Ägypten, das auch explodiert und kein Öl hat und nur ein ganz schmales Flußtal, in dem die Leute alle leben sollen. Ober ob sie aus anderen Staaten Nordafrikas kommen. Bei mir sind Ghanaer, tiefschwarze Afrikaner und zugleich Moslems. Da werden die Probleme schwierig. Heiner Geißler redet von einer multikulturellen Gesellschaft. Das ist idealistisch gemeint, aber praktisch möchte ich erstmal sehen, wo auf der Welt uns das erfolgreich vorexerziert wird. Daß ausgerechnet wir Deutschen besser damit fertig werden könnten als andere, obwohl wir keine koloniale Erfahrung haben und mit dem Erbe der Naziüberheblichkeit, der tödlichen Überheblichkeit gegenüber sogenannten anderen Rassen belastet sind, das ist mir doch unwahrscheinlich.

Vereinigungskrise als Chance

Eberhard Jäckel:

Haben wir die deutsche Vereinigung schon bewältigt? Lassen sich die Probleme überhaupt schnell lösen? Es gibt da viele Fragen – zum Beispiel die, ob es im Osten eine Führungsschicht in unserem Sinne gibt. Die alte Führungsschicht ist diskreditiert, die neue, die beim dynamischen Handwerker anfängt und beim Universitätsprofessor aufhört, ist vielleicht noch zu dünn.

Wiedervereinigung: Problem für Generationen?

Edzard Reuter:

Ich bezweifle das. Erstens deswegen, weil bei vielen, vielen Gesprächen und Begegnungen mir immer wieder auffällt, daß durchaus im Bereich der Kleinunternehmer, der Handwerker, der Betriebe ein enormes Engagement vorhanden ist, auch die Bereitschaft und die Fähigkeit, neu anzufangen und sich neu etwas aufzubauen. Das gilt möglicherweise auch teilweise bei anderen Schichten der Bevölkerung. Ich kenne inzwischen eine ganze Reihe von Leuten, die aus der früheren DDR stammen und längst ihre Rolle bei westdeutschen Unternehmen spielen, und zwar voll und anerkannt. Ich kann Ihnen bei uns selber aus dem Handgelenk zehn Leute in den höheren Führungsebenen nennen. Ich will das Problem nicht bagatellisieren. Es ist eines unserer kardinalen Probleme, gar kein

Zweifel. Aber wir sind schließlich erst seit drei Jahren wiedervereint, und nun dürfen wir doch nicht gleich hysterisch werden und meinen – und übrigens auch nicht unseren Landsleuten im Osten einreden –, daß das alles ganz schnell abgearbeitet werden kann. Nein, das kann es nicht. Das ist doch auch in der ersten Nachkriegszeit nicht von heute auf morgen gelungen.

Es wird heute manchmal so getan, als sei das Wirtschaftswunder von einem Tag auf den anderen über uns hereingebrochen. Ich selbst weiß noch sehr genau, was es bedeutet hat, die Flüchtlinge zu integrieren. Ich weiß noch ganz genau, wie der Anfang nach der Währungsreform aussah, wie viele Arbeitslose es gegeben hat. Es kann also auch jetzt gar nicht so schnell gehen. Wir dürfen nicht in Panik verfallen. Natürlich gibt es da auch die Ansicht, es werde schon alles von selber kommen, wenn man nur Geduld hat. Der Meinung, damit Sie mich nicht falsch verstehen, bin ich allerdings überhaupt nicht. Natürlich muß etwas geschehen und es ist schon allzu viel schiefgelaufen, gar kein Zweifel. Aber es kann eben nun einmal nach drei Jahren nicht mehr als erste Ansätze geben. Damit sind wir wieder beim Thema der Glaubwürdigkeit. Wir haben selber – teilweise aus gutem Willen, teilweise aber auch aus absoluter Inkompetenz – behauptet, das werde alles mit einem Fingerschnalzen von heute auf morgen gelingen. Dazu zählen natürlich auch die Unternehmer, selbstverständlich. Andererseits waren sie vermutlich die ersten, die in Deutschland die Zeichen der Zeit verstanden haben und jetzt wirklich drastisch und tatkräftig darangehen, die Voraussetzungen dafür zu schaffen, daß die Krise, in der wir uns befinden, schnell überwunden werden kann, zumindest was unsere wirtschaftliche Leistungsfähigkeit angeht – freilich belastet mit dem

Problem der Arbeitslosigkeit, mit dem wir gesamtdeutsch fertig werden müssen und nicht nur spezifisch ostdeutsch.

Eberhard Jäckel:
Auf die Vereinigung von 1871 folgten auch eine Reihe von inzwischen längst vergessenen Anpassungsschwierigkeiten. Die Preußen dominierten so ähnlich wie die Westdeutschen heute. Die Hannoveraner lamentierten, weil sie besiegt worden waren, ein wenig wie die Ostdeutschen heute. Die Katholiken fühlten sich majorisiert, weil sie im 1866 aufgelösten Deutschen Bund dank Österreich die Mehrheit gehabt hatten und nun in die Minderheit gekommen waren. Alle diese Probleme wurden innerhalb von einem bestimmten Zeitraum, den ich jetzt einmal auf zwanzig Jahre taxiere, gelöst. Das muß auch in dem vereinigten Deutschland von 1990 geschehen. Dabei wird man sicherlich umsichtig, vorsichtig sein müssen. Meine Hauptfrage ist immer: Was wird aus Deutschland, wenn diese Schwierigkeiten einmal gelöst sind? Daß sie gelöst werden, scheint mir ein voraussehbarer Zustand zu sein. Was mir Sorgen bereitet, ist die Entwicklung, die danach eintritt. Meine historische Analogie ist da noch einmal, daß die inneren Vereinigungsprobleme im Bismarck-Reich gelöst wurden, aber die Verträglichkeit dieses neuen Reiches mit seinem europäischen Umfeld nicht gelöst wurde, sondern zu den großen Katastrophen dieses Jahrhunderts geführt hat.

Helmut Schmidt:
Ich möchte auf eines aufmerksam machen, Herr Jäckel. Die seelische Situation der Menschen, die in Hannover lebten oder in Sigmaringen, war von der seelischen Situation der Menschen in Mecklenburg-Schwerin oder in Greiz sehr viel weniger verschieden, als das heute der Fall ist zwischen West und Ost. Denn damals hatten die einen zwar ein bißchen mehr

Bücher gelesen als die anderen, zum Beispiel die Thüringer mehr als die Landarbeiter in Ostpreußen. Und es gab auch Unterschiede zwischen der Beeinflussung durch die katholische Kirche auf der einen und die lutherischen Kirchen auf der anderen Seite. Aber heute haben wir es damit zu tun, daß etwa Leute meines Alters im Osten seit dem Augenblick, wo sie erwachsen waren, bis 1990 ihr ganzes Leben lang ausschließlich unter Diktaturen gelebt haben – unter Erziehungsdiktaturen, Meinungsdiktaturen. Und daß sie dazu erzogen worden sind, sich nach der Decke zu strecken oder in Nischen auszuweichen und sich mindestens nach außen anzupassen.

Insofern ist der Zeitraum, den wir nach meiner Erwartung benötigen werden, um seelisch, psychologisch auf eine einigermaßen gleiche Ebene eines gemeinsamen Nenners zu kommen, sehr viel länger, als damals nach 1866 oder nach 1871. Ich rechne gegenwärtig mit ein bis zwei Generationen, mit fünfundzwanzig bis fünfzig Jahren. Das sage ich nicht, um Pessimismus zu verbreiten, sondern um die unglaubliche Aufgabe zu verdeutlichen, vor der die Deutschen stehen. Und Ihre Frage: Was wird die Rolle sein, die die Deutschen spielen, nachdem sie die Aufgabe der Wiedervereinigung gelöst haben, die kann man durchaus parallelisieren mit der Frage: Was wird eigentlich die Rolle der Deutschen sein in dem Fall, daß sie während dieser fünfundzwanzig bis fünfzig Jahre schwerwiegende Betriebsunfälle verursachen, die unsere Nachbarn in tiefe Sorge versetzen?

Edzard Reuter:

Das war ja meine Eingangsfrage. Es kann die Gefahr entstehen, daß ein deutscher Sonderweg nicht ausgelöst wird durch die dominante deutsche Stärke, sondern durch die deutsche Schwäche. In Wirklichkeit geht es darum, deutsche Stärke nicht im Sinne von deutscher Macht, sondern im Sinne der inneren Gesundheit so schnell wie möglich wieder herzustellen.

Helmut Schmidt:
Normalität.

Alte Zöpfe in Ost und West

Edzard Reuter:
Im übrigen wäre ich vorsichtig mit zeitraumbezogenen Prognosen. Das weiß ich immer nicht so genau. Ich will das ein bißchen untermalen an dem, was Helmut Schmidt hier eben über Befindlichkeiten und Erfahrungen der Bürgerinnen und Bürger in Ostdeutschland durch so lange Epochen der Diktatur gesagt hat. Dabei bin ich mir gar nicht sicher, ob nicht eine junge Generation schneller als man denkt lernen kann. Und dazu beitragen kann, daß sich diese Befindlichkeit ändert, und zwar aus einem Grunde, der sehr frappierend erscheint. Ich glaube, daß wir in den traditionellen Bundesländern, sprich in Westdeutschland, gleichfalls ein Problem des Aufbrechens von alten und gewohnten Strukturen haben. Das ist unverzichtbar, wenn wir überhaupt diese Normalität oder Gesundheit wiedergewinnen wollen. So wie man in Ostdeutschland die alten Zöpfe loswerden muß, als da sind gewohnte Befehlsstrukturen und entsprechendes Verhalten, so müssen wir in Westdeutschland ebenfalls einen Großteil loswerden, als da heißt Gewöhnung an sozusagen selbstverständliche Wohlstandsmehrung, an die Mentalität, daß uns die Dinge in den Schoß fallen, an die Reglementierung aller Vorgänge des Lebens, an die ach so beliebte Angst vor allem Möglichen. Was wir in den Unternehmen im Augenblick merken, und nicht nur merken, sondern sehr konkret nutzen, ist, daß sich junge Menschen,

gut ausgebildete Menschen natürlich, junge Menschen, die vielleicht in dem Alter von fünfunddreißig bis vierzig sind, darauf einschwören lassen, im Team gemeinsam Probleme zu lösen. Ohne Bürokratien, ohne Reglementierungen Ziele zu setzen und ihnen zu sagen, nicht von einer hierarchischen Ebene von oben wird das alles entschieden und schließlich in Flaschenhals-Prozesse geschleust, sondern ihr habt ganz unmittelbar, wir sagen dezentralisiert, die Aufgabe, ein Problem X zu lösen. Und siehe da, wir erleben unglaubliche Prozesse – nebenbei gesagt, inzwischen unter Einbeziehung junger Menschen aus Ostdeutschland. Es sind fast unheimliche Prozesse der Motivation, die dann auch dazu führen, daß es ihnen egal, wirklich völlig egal ist, ob sie heute mal bis abends um zehn arbeiten oder vielleicht am Samstag noch. Sie wollen dies, weil sie Befriedigung daraus ziehen, ihr Problem zu lösen. Siehe da, es gibt also noch eine Begeisterungsfähigkeit, die nach vorne gerichtet ist.

Und deswegen bin ich, wie gesagt, bei aller Vorsicht, daß die Sache auch ganz schief laufen kann, optimistisch. Ich wiederhole nochmals, ich sehe die Gefahr des deutschen Sonderweges natürlich auch, aber ich sehe auf der anderen Seite riesige Chancen, wenn wir es nur richtig machen, einschließlich der Integration der Ostdeutschen. Nicht lösen können wir das Problem, daß eine ganze, vielleicht sogar zwei Generationen von Menschen im Osten leben, die in der Tat durch die Erfahrung zweier Diktaturen geprägt sind. Aber so bitter das für den einzelnen Menschen auch ist – denn ich schätze in keiner Weise gering, was dem einzelnen geschieht –, vielleicht sieht alles, über das wir hier reden, schon in zehn Jahren ganz anders aus.

Eberhard Jäckel:
Auch zu fatalen Entscheidungen in der Phase des Zusammenwachsens kann der Historiker Präzedenzfälle nennen. Bismarck hat sich 1871 aus Sorge um das europäische Gleichgewicht geweigert, ein deutsches Kolonialreich zu gründen. Er hätte Kolonien von Frankreich übernehmen können, lehnte es aber ab. 1884 hat er dann aber doch zugestimmt, weil die inneren Probleme so schwierig geworden waren, daß er von ihnen ablenken wollte. Obwohl man also sicherlich davor warnen muß, auch in der Phase des Zusammenwachsens keine Fehlentscheidungen zu treffen, scheint mir das langfristige Problem doch einer größeren Beachtung wert. Zu Herrn Schmidt will ich sagen, daß die Zeitgenossen oft die Neigung haben, die gegenwärtigen Probleme für größer zu halten als die in der Vergangenheit. Es kann die beruhigende Funktion des Historikers sein, darauf hinzuweisen, daß es früher nicht sehr viel anders war. Ich bin eigentlich sehr zuversichtlich, daß die Anpassungsschwierigkeiten in Deutschland überwunden werden, vielleicht in unterschiedlichen Zeiträumen, für die jüngeren Generationen eher und für die älteren möglicherweise nie. Es sind eben nur sechzehn Millionen Ostdeutsche zu den zweiundsechzig Millionen Westdeutschen hinzugekommen, und da wird sich eine so kleine Gruppe der größeren auch hinsichtlich der demokratischen Traditionen eher anpassen. Da sehe ich nicht die Hauptprobleme, sondern mich beunruhigt nach wie vor, was aus diesem übergewichtigen Block der achtzig Millionen wird.

Vertrauen in die politische Führung?

Helmut Schmidt:

Lassen Sie mich nochmal reden davon, daß während dieses Integrationsweges der Deutschen unter sich Betriebsunfälle auftreten können. Zum Beispiel könnte es schon im Jahre 1994 passieren, daß wir Rechtsextreme im Bundestag versammelt finden. Und dann stellen Sie sich einmal vor, daß gleichzeitig auch noch ehemalige Kommunisten im Bundestag sitzen und von beiden ein paar dumme Reden gehalten werden, wie dann unsere ausländischen Nachbarn darauf reagieren. Das wäre einer der kleineren möglichen Betriebsunfälle, die ich im Auge habe, wenn ich sage, das kann alles zwei Generationen dauern, bis fünfzig Jahre. Edzard Reuter hat aber auf ein Problem aufmerksam gemacht, für das hier bisher noch keiner eine Lösung auf den Tisch gelegt hat – und ich hab' sie auch nicht. Nämlich, daß gegenwärtig, ob Westdeutsche oder Ostdeutsche, niemand in unserem Lande ein tiefsitzendes, innerlich begründetes Vertrauen in die politische Führung durch die politische Klasse besitzt, ob links oder rechts macht keinen Unterschied. Es ist kein ausreichendes Vertrauen da. Und er hat recht, wenn er sagt, das ist in Frankreich auch nicht viel besser, in Italien sowieso schlechter als bei uns und in anderen europäischen Ländern auch. Die auf politische Führung Anspruch erhebende Schicht unserer europäischen Gesellschaft und zumal der deutschen überzeugt nicht. Wenn das so bleibt, dann kann hier manches ganz schief gehen, ehe wir an die Station kommen, an der die Frage steht: »Ist das Gewicht der Deutschen nicht viel zu groß?«.
Wie werden wir mit dieser Vertrauenskrise fertig?, hat Herr Reuter ein paarmal gefragt. Wie werden wir mit einer Füh-

rungskrise plus Vertrauenskrise fertig? Was machen wir eigentlich? Wir überlassen gegenwärtig die Führung unserer Außenpolitik Talkshows im Fernsehen. Das macht gegenwärtig auch der Amerikaner nicht viel besser. Wenn CNN die amerikanische Nation jeden Tag ein paarmal mit Bildern aus Somalia versorgt, wird das plötzlich zum wichtigsten außenpolitischen Problem der Welt. Wenn statt dessen Bosnien dran ist, wird das zum wichtigsten außenpolitischen Problem der Welt.

Beteiligung an UN-Missionen?

Eberhard Jäckel:
Dennoch wird sich das vereinigte Deutschland von friedensstiftenden Aktionen der Vereinten Nationen nicht in allen Fällen ausschließen können.

Helmut Schmidt:
Ich bitte Sie, das ist doch wirklich ein Nebenthema, künstlich hochgespielt von ein paar fernsehgeilen Politikern.

Eberhard Jäckel:
Im Golfkrieg von 1991 hat es mich sehr gestört, daß die Vereinigten Staaten, Großbritannien und Frankreich, sogar Italien, unsere engsten Verbündeten, an dieser Aktion teilgenommen haben, und wir so getan haben, als ginge es uns nichts an.

Helmut Schmidt:
Das letztere war falsch. Aber wenn ich damals zu regieren gehabt hätte, ich hätte, um Gottes Willen, nicht einen einzigen Soldaten in einen Konflikt geschickt, in dem mit Sicherheit Israel involviert war. Es sind ja genug Raketen auf Israel, auf israelischen Boden gefallen. Mit Sicherheit hätte ich das nicht getan. Ebenso wenig wie ich einen deutschen Soldaten nach

Bosnien geschickt haben würde oder demnächst nach Estland oder in den Kaukasus. Überall dort, wo hinter der Front der deutschen Wehrmacht schwere Verbrechen begangen worden sind, würde ich das nicht tun. Dazu gehört eben auch Israel wegen der Juden, die von Deutschen zu Millionen umgebracht worden sind. Dagegen habe ich gar keine Bedenken im Falle Kambodscha, auch keine Bedenken im Falle Somalia. Aber ich würde mir immer noch die Prüfung der Frage vorbehalten, ob zum Beispiel ein Engagement in Somalia Sinn macht. Es macht offenbar keinen Sinn, wie man jetzt erkennen kann, nachträglich.

Der Anspruch, wie er von einigen Bonner Politikern vertreten wird, überall auf der Welt mit deutschen Soldaten in Erscheinung treten zu wollen, mißfällt mir sehr. Ich war nie im Leben Pazifist, so ist das nicht. Und in den fünfziger Jahren habe ich demonstrativ eine Reserveübung bei der Bundeswehr gemacht, um zu zeigen, daß ich für den Einbau Deutschlands in die westliche Verteidigung war. Aber diese Idee, überall dabei sein zu müssen! Wenn Sie deutsche Soldaten nach Bosnien schicken und es gibt irgendeinen bösen Zwischenfall, dann können Sie sicher sein, daß Serben und Kroaten ganz schnell mit vereinten Kräften den Finger auf die Deutschen richten werden. Die haben sich schon damals saumäßig hier benommen und jetzt wieder! Und Sie können ganz sicher sein, daß das innerhalb von 24 Stunden vom amerikanischen Fernsehen und von der »New York Times«, von der »Herald Tribune« und von englischen und französischen Zeitungen übernommen wird. Das wäre kein guter Dienst für den Versuch, Deutschland zu einem normalen Land werden zu lassen. Es gibt eine Reihe von Feldern, auf denen wir uns zunächst zurückhalten müssen. Dazu gehört dieses Feld, überall mit Soldaten in Erscheinung treten zu wollen. Dazu gehört auch der Versuch, überall Menschenrechte zu etablieren. Wir Deutsche haben, im Verhältnis zu allen anderen westlichen Völkern, die geringste Legitimation, was Menschenrechte angeht.

Eberhard Jäckel:
Herr Schmidt, ich habe natürlich nicht gemeint, daß Deutschland überall die Menschenrechte sichern muß, sondern daß es eine Politik betreiben sollte, die nach dem Maßstab handelt, wo denn die Menschenrechte und wie denn die Menschenrechte verwirklicht werden können. Ich habe auch nicht gemeint, natürlich nicht, daß überall deutsche Soldaten tätig werden sollten. Aber was ich behaupte, ist, daß Deutschland sich auf lange Sicht auch nicht auf den Standpunkt zurückziehen kann, niemals sollten deutsche Soldaten irgendwo eingesetzt werden. Wir werden aber unsere Verpflichtung möglicherweise in anderer Weise als in Kambodscha, wo es im wesentlichen um ein Krankenhaus ging, wahrnehmen müssen.

Helmut Schmidt:
Verpflichtungen gibt es nicht. Jedes UNO-Mitglied, das sich an solchen Expeditionen beteiligt, ist darin völlig frei.

Eberhard Jäckel:
Nicht Verpflichtungen durch andere, aber Verpflichtungen durch uns selbst. Wir werden uns für verpflichtet halten müssen, gelegentlich an solchen Einsätzen teilzunehmen.

Helmut Schmidt:
Ja, da stimme ich völlig zu. Da gibt es zwischen uns keinen Dissens. Aber die Vorstellung, daß wir an jedem dieser Einsätze dann teilnehmen müssen, wenn Franzosen, Italiener oder Engländer sich beteiligen, die teile ich nicht.

Eberhard Jäckel:
Gibt es nicht eine Solidarität der engsten Bündnispartner?
Helmut Schmidt:
In diesem Falle kaum.
Eberhard Jäckel:
Wenn von fünfen vier gemeinsam etwas tun, kann der Fünfte dann sagen: »Ich mache nicht mit«?
Helmut Schmidt:
Ja.

Eberhard Jäckel:
Ohne daß er am Ende, wenn er das mehrfach tut, die Solidarität auf eine harte Probe stellt?

Helmut Schmidt:
Bisher habe ich nicht gesehen, daß die Franzosen verlangt haben, die Deutschen sollen nach Bosnien gehen. Wenn sie es denn verlangen, dann möge Ihr theoretischer Fall eingetreten sein. Bisher habe ich nicht gesehen, daß die Engländer verlangen, wir sollen uns im Irak beteiligen. Das sind Diskussionen, die werden hier im Augenblick fünfzehn, zwanzig Jahre zu früh geführt. Das ist gegenwärtig nicht notwendig.

Eberhard Jäckel:
Aber das ist genau der Zeitpunkt, über den wir nachdenken sollten.

Helmut Schmidt:
Ich weiß ja gar nicht, ob wir in zwanzig Jahren noch eine Wehrpflichtarmee haben. Dann sieht die Sache wieder ein bißchen anders aus. Solange wir eine Wehrpflichtarmee haben, gibt es nämlich noch eine zusätzliche Komplikation. Wehrpflichtige Soldaten auf ausländische Kriegsschauplätze in fremde Konflikte zu schicken, hielte ich in jedem Fall für großen Unfug.

Eberhard Jäckel:
Ich auch.

Helmut Schmidt:
Da sind wir uns einig.

Eberhard Jäckel:
Da wird man auf die Freiwilligkeit abstellen, wie es bei einer Berufsarmee ist.

Helmut Schmidt:
Einstweilen haben wir keine freiwilligen Verbände.

Eberhard Jäckel:
Wir können aber unter den Wehrpflichtigen eine Umfrage machen, ob sie sich freiwillig an einem solchen Einsatz beteiligen wollen oder nicht. Man kann es ihnen freistellen.

Helmut Schmidt:
Ja, sicher, dann haben Sie aber immer noch keinen Verband, der für so etwas vorbereitet und eingeübt ist. Aus dem Ärmel schüttelt man das nicht, wenn man eine Wehrpflichtarmee hat. Wenn man eine Berufsarmee oder neben einer Wehrpflichtarmee eine Berufsarmee hat, kann man das relativ leicht aus dem Ärmel schütteln. Aber gegenwärtig ist in meinen Augen die Debatte um mindestens ein, wenn nicht zwei Jahrzehnte verfrüht. Und sie wird ja auch in Bonn nur aus taktischen Gründen geführt. Einer möchte dem anderen an den Wagen fahren und als Pazifisten oder sonst was bloßstellen.

Gefahr eines deutschen Sonderweges

Edzard Reuter:
Ich würde gerne nochmal zu dem Szenario zurückkommen, das Sie geschildert haben, weil es ja der Ausgangspunkt unseres Gesprächs war: Kann man sich vorstellen, daß irgendwann wieder so ein deutscher Sonderweg attraktiv werden

könnte. Ich will einmal versuchen, ein solches Szenario zu entwerfen. Unterstellen wir einmal, daß wir die wirtschaftliche Krise, die wir zur Zeit durchmachen, nicht so ganz einfach überwinden werden – mindestens nicht in dem Sinne, daß wir die Arbeitslosigkeit schnell abbauen können und insbesondere die Jugendarbeitslosigkeit zunimmt. Und nehmen wir einmal an, wir bekommen im November 1994 in Bonn eine große Koalition, weil numerisch keine andere Regierungsbildung möglich ist. Nehmen wir weiter an, es würde eine Koalition von zwei großen Parteien, die beide nicht wissen, was sie wirklich wollen, die sich also nur deswegen zusammentun, damit sie eine numerische Mehrheit haben. Unterstellen wir schließlich, Probleme ähnlicher Art gäbe es auch in anderen Teilen Europas. Dann würde die Wahrscheinlichkeit recht groß werden, daß allenthalben Protestparteien zunehmen. Vor allem die Rechtsextremen könnten sich dann auch europaweit akkordieren und immer stärkeren Einfluß gewinnen. Könnte es dann nicht zu einer Konstellation kommen, in der – auch unter dem Druck ethnisch sehr unterschiedlichen Immigrationsentwicklungen – eines Tages gefragt wird: Wozu eigentlich dieses Europa? Könnte nicht ein recht merkwürdiger Konsens entstehen, nämlich ein negativer Konsens, indem die Franzosen sagen, einfacher ist es doch, wir stellen die europäische Integration zunächst zurück . . .

Helmut Schmidt:
Geführt von einem Nachfolger Le Pens.

Edzard Reuter:
So, und die Deutschen sagen das mehrheitlich auch.

Helmut Schmidt:
Geführt von einem Nachfolger Stoibers oder Schönhubers.

Edzard Reuter:

Daraus wird im Umkehrschluß meine Grundthese klar: Wenn es in Westeuropa und konkret auch bei uns selbst nicht gelingt, glaubwürdige Politik zu formulieren, auch was die Integration und die Situation in Ostdeutschland angeht, wenn es nicht gelingt, überzeugende und plausible neue Lösungen, Zukunftshorizonte, attraktive Wege für die junge Generation aufzuzeigen, für die es sich lohnt, nach vorne zu gehen, dann wird die Diskussion über Europa leeres Gerede bleiben. Dann wird es nicht gelingen, weiter nach vorn zu schauen. Das heißt, das Kernproblem ist unverändert die Fähigkeit unserer politischen, gewerkschaftlichen und kirchlichen Elite zur Glaubwürdigkeit. Mit Glaubwürdigkeit werden neue, auch harte Lösungen mit Sicherheit akzeptiert, wenn sie überzeugend von überzeugenden Menschen vorgetragen werden.

Deutschland in Europa

Eberhard Jäckel:

Darf ich noch einmal auf das zurückkommen, was unser Dissens zu sein scheint, nämlich auf die Frage, ob es denn – und mir scheint, daß Sie daran zweifeln – überhaupt möglich ist, Politik heute auf etwas einzustellen, was derzeit nicht notwendig erscheint, aber möglicherweise in fünfzehn oder zwanzig oder dreißig Jahren notwendig sein wird? Das heißt mit anderen Worten: Kann Politik überhaupt langfristig etwas planen? Sie sagen dann immer: »Nein, diese Zukunft kann man noch nicht voraussehen, ich kann nicht wissen, welche Faktoren dann gelten, also muß ich mich auf das, was in der überschaubaren Zeit möglich ist, beschränken.«

Helmut Schmidt:

Jedenfalls mit dem, was ich zum Zwecke des Gewähltwerdens oder des Wiedergewähltwerdens, wie Herr Reuter vorhin gesagt hat, dem Wählervolke vortrage. Wenn wir Deutschen wieder anfangen, dem eigenen Volk Utopien und Visionen vorzutragen, dann weiß ich nicht, wo diese Visionen uns eines Tages hintreiben.

Daß der einzelne Politiker über spätere Zeiträume nachzudenken hat, vielleicht sogar mit seinen Freunden oder sogar mit seinen Gegnern gemeinsam, darin würde ich Ihnen zustimmen. Aber der Gedanke, Politik zu planen – schon der Ausdruck »planen« –, läßt mich erzittern.

Eberhard Jäckel:

Ich sag' eigentlich auch nicht planen, sondern sich auf etwas einstellen. Als das Deutsche Reich von 1871 begründet wurde, sagte der damalige britische Premierminister Gladstone: »Nun ist das Gleichgewicht in Europa ganz aus den Fugen geraten.« Die deutsche Reaktion darauf war: »Das ist Unsinn – wir sind völlig ungefährlich.« Wie anders wäre die Lage gewesen, wenn man damals ein Gespräch, eine öffentliche Debatte geführt hätte, wie ich sie jetzt vermisse: Es sind gewisse Risiken gegeben. Gegen die kann man nicht planen, aber man kann sich auf sie einstellen, oder zumindest kann man in der Öffentlichkeit das Bewußtsein dafür erzeugen.

Kann man sich auf die Zukunft einstellen?

Helmut Schmidt:

Sie haben vorhin geredet von zwanzig Jahren im voraus, jetzt bringen sie ein Beispiel, das sich in der damaligen Jetztzeit abspielte. Wenn William Gladstone solche Äußerungen damals gemacht hat, so hätten die Leute um Bismarck und er selber das schon ernst nehmen müssen. Er hat es wohl auch getan. Bismarck war ja doch später ein Gleichgewichtsjongleur von hohen Graden. Der hat das Gleichgewicht bis 1890 sehr gut hinjongliert und ist nicht in einen ernsthaften Konflikt mit Franzosen oder Engländern geraten. Die beiden sind zum Beispiel später in Faschoda miteinander in Konflikt geraten. Deutschland war nicht beteiligt. Wenn Sie Ihre Frage, ob der Politiker Jahrzehnte im voraus denken muß, so formulieren, dann würde ich sie bejahen. Aber Sie haben auch gesagt, Politik müsse das im voraus berücksichtigen. Da bin ich anderer Meinung. Politik in einer Demokratie ist das, was die Politiker im Parlament jeden Tag tun und was sie dem Volk jeden Tag über die Zeitung oder neuerdings über die Glotze vortragen und wofür sie um Zustimmung bitten. Und da bin ich im Zweifel, ob man dem Volk Dinge vortragen soll, die in zwanzig Jahren stattfinden könnten, wenn Deutschland wieder stark ist. Das Volk will im Augenblick wissen, wie werden wir mit der Arbeitslosigkeit fertig? Zukunftsvisionen wird es als Ausflüchte empfinden.

Edzard Reuter:

Es ist natürlich unverzichtbar, darüber nachzudenken, wie man mit jener entsetzlichen Drucksituation der ständigen Wahlen fertig wird. Es geht nicht darum, daß die deutschen Politiker alle vier Jahre neu gewählt werden müssen, und daß sie sich spätestens alle zwei Jahre, wahrscheinlich sogar dreimal in vier Jahren Wahlkämpfen zu stellen haben. Aber wenn ich das auf Europa ausdehne, ist eigentlich der eine oder andere aus der Gruppe verantwortlicher Politiker ständig im Wahlkampf, ständig unter Druck. Es ist schon ein Problem, daß Politiken, die eigentlich gar nicht von heute auf morgen greifen können, auf diese Weise immer kurzfristiger werden. Sie haben vorhin die Parallele gezogen und freundlicherweise unterstellt, für die Unternehmer sei das etwas einfacher, die könnten langfristig denken. Aber auch wir kommen immer stärker in ähnliche Drucksituationen, auch uns wird das längerfristige Denken immer schwerer gemacht, weil wir neuerdings zunehmend der Frage ausgesetzt sind: »Wie hat sich denn euer Ergebnis im letzten Quartal dieses Jahres entwickelt?«. Hat es sich schlecht entwickelt, gilt es als falsch, was wir uns langfristig vorgenommen haben. Oder es interessiert überhaupt nicht, was wir uns langfristig vorgenommen haben.

Helmut Schmidt:

Das allzu kurzfristige Denken kommt aus Amerika.

Edzard Reuter:

Ja, ganz klar, und es geht über England virulent inzwischen in den Kontinent hinein. Deshalb lohnt es sich, über die grundsätzliche Problematik, die Sie da ansprechen, nachzudenken. Nur, es ist offensichtlich eines der schwierigsten Probleme, das wir haben. Denn die Idee, in Deutschland alle Wahlen auf ein Jahr zu legen, würde das europäische Problem nicht lösen.

Eberhard Jäckel:

Die Vereinigung Deutschlands fiel in ein Bundestagswahljahr. Mir scheint, daß viele Probleme deswegen auf eine unzulängliche Weise gelöst worden sind. Wäre es nicht die Aufgabe derjenigen, die an der öffentlichen Debatte teilnehmen, auf die längerfristigen Probleme hinzuweisen? Ich glaube zwar nicht, daß man dadurch für sehr viele Probleme eine Lösung finden kann. Aber muß es nicht auch eine Aufgabe der Politik oder doch einiger Politiker sein, auf die längerfristigen Tendenzen hinzuweisen?

Edzard Reuter:

Wir haben in Deutschland die merkwürdige Arbeitsteilung, nach der der Bundespräsident für das langfristige Denken und für die langfristigen Perspektiven zuständig ist, und die Bundesregierung ist dafür da, kurzfristige Politik zu machen. Das ist sicher kein Idealzustand.

Helmut Schmidt:

Sie stellen sich eine ideale Demokratie vor; die wirkliche Demokratie ist leider sehr viel weniger ideal. Die Politiker sind allesamt nicht ideal, und das bleibt auch so. Und wenn Sie den einen oder anderen im Parlament hätten, der langfristig denkt und das auch vorträgt, dann werden Sie gleichwohl damit kaum jemanden erreichen, weil die Fernseh- und die Zeitungsjournalisten das für überflüssiges Gelaber halten und weder senden noch drucken. So einfach ist das. Sie müßten schon eine Person mit ganz großer Ausstrahlung sein, ein Mensch wie weiland Carlo Schmid. Jedenfalls müßten Sie ein Mann mit einer ganz großen Ausstrahlung sein, um über die Tagesaktualität hinaus die Medien zu zwingen, überhaupt dem Volk zu berichten, was Sie gedacht und gesagt haben. Eine solche Ausnahmeerscheinung sehe ich zur Zeit nicht.

Aus der Geschichte lernen?

Eberhard Jäckel:

Ich habe mich dennoch gewundert, Herr Schmidt, als Sie sagten, der Gedanke Politik zu planen, ließe Sie erzittern. Ich verstehe, was Sie meinen, wenn Sie davor warnen, daß man dem Volke nicht Utopien, nebelhafte Endzielvorstellungen vortragen kann.

Helmut Schmidt:

Können kann man das schon, aber man soll es nicht.

Eberhard Jäckel:

Aber meine Frage zielt auf etwas anderes –, ob nämlich nicht Planungsstäbe etwa in Außenministerien oder in Wirtschaftsministerien, aber auch, Herr Reuter, in Unternehmen, eine nützliche Funktion haben können. Ich erinnere daran, daß Sie selbst, Herr Schmidt, in Ihrem Verteidigungsministerium einen Planungsstab gehabt haben, und daß Sie es gelegentlich einen Mangel genannt haben, daß die Politiker meist nur in Legislaturperioden, also zu kurzfristig, dächten. Am Anfang unseres Gesprächs haben Sie auch gesagt, daß Europa gegenwärtig in einer Situation sei, mit der in den letzten vierzig Jahren niemand im Ernst gerechnet, auf die niemand sich vorbereitet habe. Meine Frage ist: Muß das denn wirklich so sein?

Lassen Sie mich diesen Gedanken noch etwas grundsätzlicher begründen. Kann man aus der Geschichte etwas lernen? Es wird manchmal gesagt, die Deutschen hätten ihre Lektion gelernt, oder auch, sie hätten sie nicht gelernt. Es ist auch gesagt worden, das einzige, was man aus der Geschichte lernen könne, sei, daß man nichts aus ihr lernen könne. Ich denke, man muß hier differenzieren. Völker, so scheint mir, können aus der Geschichte nichts lernen. Sie verinnerlichen zwar gewisse Erfahrungen. Nach Kriegen etwa schätzen sie den Wert des Friedens besonders hoch ein. Die Toten sind noch nicht vergessen, die Wunden noch nicht verheilt, die Häuser liegen noch in Trümmern, die Kassen sind noch leer. Es ist bezeichnend, daß Menschen meist in solchen Situationen auf Mittel und Wege gesonnen haben, den Krieg für immer zu verhindern. Als zum Beispiel der Spanische Erbfolgekrieg zu Ende ging, schrieb der Abbé de Saint-Pierre seinen »Traktat vom ewigen Frieden«, und auch in Kriegszeiten, während der Revolutionskriege, veröffentlichte Immanuel Kant 1795 seine Schrift »Zum ewigen Frieden«. Aber dann wachsen Generationen nach, die diese Erfahrungen nicht gemacht haben; die Schrecken des Krieges verblassen, neue Sorgen und Ängste treten auf. Schon weil andere Generationen nachwachsen, können Völker als Kollektive meiner Ansicht nach aus der Geschichte nichts lernen.
Das heißt aber nicht, daß einzelne aus der Geschichte nicht lernen könnten. Und das ist doch eigentlich die Fragestellung unseres Gesprächs: Ob nicht etwa Politiker, Unternehmer und Historiker sich zusammensetzen und aus den Erfahrungen der Vergangenheit etwas lernen können?
Ich möchte noch ein Beispiel erwähnen, das mich seit langem sehr beeindruckt. Es führt auf unsere Eingangsfrage zurück.

Im Jahre 1816, ein Jahr nach der Schlacht von Waterloo, am Ende also jenes 23jährigen Krieges von 1792 bis 1815, veröffentlichte der Göttinger Historiker Arnold Ludwig Hermann Heeren eine kleine Schrift mit dem Titel »Der Deutsche Bund in seinen Verhältnissen zu dem Europäischen Staatensystem«. Seine Argumentation lief auf eine Prognose hinaus, die sich unglücklicherweise voll bestätigte. Er war froh, daß der gerade gegründete Deutsche Bund nur ein Staatenbund war. Wenn er sich einmal, so schrieb Heeren, in »eine große Monarchie mit strenger politischer Einheit« verwandeln sollte, dann würde er nicht »lange der Versuchung widerstehen können, die Vorherrschaft in Europa sich zuzueignen«. Der Erfahrungshintergrund war das zentralisierte Frankreich, das so lange um die Hegemonie über Europa gekämpft hatte. Und das würde auch Deutschland tun, sagte Heeren, wenn es groß und zentralisiert sei. Das ist dann bekanntlich auch eingetreten. Ich weiß natürlich, daß es viele unzutreffende historische Prognosen gegeben hat. Aber diese war zutreffend, und ich frage mich, ob sie nicht wieder zutreffen könnte. Kann ein übergroßer Staat der Versuchung widerstehen, die Vorherrschaft anzustreben? Ich frage daher noch einmal: Ist es nicht möglich, daß sich erfahrene Leute zusammensetzen und aus derartigen Erfahrungen der Vergangenheit Schlüsse ziehen? Die Militärs machen das auf ihre Weise seit jeher. Sie denken sich mögliche Konstellationen aus und überlegen in ihren Generalstäben, was sie in diesem oder jenem Falle tun sollen. Sie üben es sogar in Kriegsspielen und Manövern. Kann man das nicht, mutatis mutandis, auf Politik und Wirtschaft übertragen. Ich möchte den Politiker Helmut Schmidt und den Unternehmer Edzard Reuter fragen, ob sie sich kleine hochqualifizierte Planungsstäbe vorstellen können, die mögliche Szenarien entwerfen und entsprechende Strategien entwickeln. Nicht nur für die nächsten paar Jahre, sondern für einen längeren Zeitraum. Und wenn wir uns probeweise als einen solchen Planungsstab konstituieren wollen, was wären dann unsere Szenarien und die entsprechenden Strategien?

Sinn und Unsinn von Planungsstäben

Edzard Reuter:
Wir stimmen darin überein, daß Völker als ganzes nicht aus der Geschichte lernen können. Das ist auch der Grund, weswegen ich es so anmaßend, um nicht zu sagen arrogant oder fehlleitend finde, daß da manchmal so ganz selbstverständlich von Völkerpsychologien gesprochen wird, um daraus sogar ganze völkerpsychologische Therapien abzuleiten. Was den einzelnen Menschen angeht, wäre es genauso anmaßend zu meinen, daß es unmöglich sei, aus der Geschichte zu lernen. Ich sage: Es ist eine Verpflichtung zu versuchen, aus der Geschichte zu lernen. Als Individuen sind wir eingebunden in den Ablauf von Geburt und Tod. Das allein erzwingt schon eine Verquickung mit der Geschichte wie mit der Zukunft. Daraus leitet sich ab, daß es ein zutiefst den einzelnen Menschen angehendes Anliegen sein muß, zu versuchen, einerseits auf den Schultern der Vorgängergenerationen zu stehen und andererseits ein Erbe weiterzugeben. Beides geht nicht ohne Lernen.

Auf der anderen Seite ist es natürlich ein ungeheuer schwieriges Unterfangen, aus Erfahrungen der Vergangenheit, die ja jeweils auch noch interpretationsbedürftig sind, zu versuchen, ein komplexes, großes System in die Zukunft auszurichten – und ein Unternehmen ist ein solch komplexes, sich in allen seinen Elementen gegenseitig beeinflussendes und daher nicht linear mathematisch steuerbares System. Auf ein Unternehmen trifft also in vielerlei Hinsicht das Bild aus der modernen Chaostheorie zu, wonach das Flügelschlagen eines Schmetterlings das Klima auf der Erde ändern kann. Daran wird bildhaft deutlich, wie schwierig es ist, umfassende und abschließende Planungen für die Zukunft zu machen. Mein Fazit, meine Erfahrung im Unternehmen ist: Man muß – nach möglichst sorgfältiger, nach möglichst sachlicher Abwägung: Wo kommen wir her, was haben wir früher für Fehler gemacht? – eine Vorstellung entwickeln: Wohin wollen wir? In die Beantwortung dieser Frage bezieht sich die Beurteilung des Umfeldes, in dem wir leben, ein. Dazu gehört die Umwelt als solche, genauso wie auch die Politik und die Kultur. In einem solchen Umfeld müssen wir natürlich eine Vorstellung entwickeln, warum wir aus den und den Gründen in diese oder jene Zukunft gehen wollen. Das wäre dann die ach so oft berufene Vision.

Offen bleibt die Frage der Umsetzung. Und sie führt regelmäßig in das alte, für mich von niemandem widerlegte Theorem von Popper: Wir können nur Schritt für Schritt und immer unter Falsifikationsmöglichkeiten – das heißt, in jeder Phase wieder neu bedenkend, sind wir denn jetzt wirklich richtig? – die Dinge in die Tat umsetzen. Planungsstäbe sind dafür sicherlich hilfreich, ja, ich denke, sie sind sogar unverzichtbar. Aber eben nur als Hilfsinstrument. Ich habe in meiner unternehmerischen Tätigkeit noch nie einen Planungsstab gesehen, der aus sich heraus ein umfassendes Zukunftskonzept entwickeln konnte, das dann sogar auch noch umsetzungsfähig war. Das funktionierte nie. Planungsstäbe haben also ihre Aufgabe, aber auch ihre ganz klar umrissenen Begrenzungen. Das muß man wissen. Und in aller Ehrerbietung, ich fürchte, das

Schlimmste sind militärische Planungsstäbe. Was die schon für Papierkorbsachen, für Fehlplanung erarbeitet haben – immer in der Annahme, sie wüßten ganz genau, was denn eigentlich geschehen müsse!

Eberhard Jäckel:
Das gehört – meine ich – zum System. Ich will das noch einmal verdeutlichen. Ich meine ja nicht, daß man einen Plan macht und dann planvoll an dessen Verwirklichung herangeht . . .

Edzard Reuter:
Das würde auch zu sehr an Brecht erinnern!

Eberhard Jäckel:
Ich meine, daß man sich vorstellt, es könne dieser oder jener Fall eintreten, und dann überlegt, was man tun würde, wenn er einträte. Ich gebe ja zu, daß das in der Wirtschaft und in der Politik sehr schwierig ist. Ich erinnere jedoch daran, daß die US-Regierung unter Präsident Truman 1948, als die Blockade von Berlin begann, auf bereits vorhandene Überlegungen zurückgreifen konnte. Es gab damals – die Vereinigten Staaten waren noch die einzige Kernwaffenmacht – die Perspektive eines Krieges, und es gab die Überlegung, als Alternative, die Bevölkerung von Westberlin auf dem Luftwege zu versorgen. Wenn ich es richtig weiß, sind beide Optionen vorher überlegt und durchgerechnet worden, und es war auf dieser Grundlage, daß Truman seine Entscheidung traf, als der Fall der Blockade eintrat.

Edzard Reuter:
Lieber Eberhard Jäckel, jetzt begeben Sie sich auf ein gefährliches Feld, denn da reicht mein eigenes Erinnerungsvermögen noch aus. Ich habe damals als junger Mann hautnah miterlebt, wie die Auseinandersetzungen insbesondere zwischen Lucius

D. Clay, dem Oberkommandierenden der Amerikaner in Europa, und der Washingtoner Administration über die richtigen Reaktionen in diesem Falle gelaufen sind. In Washington war die Luftbrücke höchst umstritten. Sie erinnern sich selber daran, daß die These vertreten wurde, nicht mit einer Luftbrücke zu reagieren, sondern mit einem gewaltsamen Durchbruch, unter Einsatz von Landstreitkräften, um den Weg nach Berlin offenzuhalten. Natürlich ist dieses auch, in Klammern gesprochen, zwischen den Alliierten höchst umstritten gewesen, den Amerikanern auf der einen, den Engländern und den Franzosen auf der anderen Seite. Vorstellungen hat es vorher sicher gegeben. Aber als dann der Fall eintrat – das ist meine Behauptung –, waren solche Planungsüberlegungen allenfalls hilfreich, doch eine Anleitung zum Handeln konnte niemand daraus ableiten.

Es passiert immer das Unerwartete

Helmut Schmidt:
Im ersten Punkt stimme ich mit Ihnen beiden nicht überein. Ich bin der Überzeugung, Völker können durchaus etwas lernen. Der Ausdruck ›Völker‹ ist allerdings sehr schwach; Kulturen können etwas lernen, und das zieht sich durch die Geschichte hindurch. Man kann es sehen auf dem Felde der Ästhetik, der Künste, der Literatur, auf vielen Feldern der Wissenschaften – Kulturen können lernen und entwickeln sich, setzen Ringe an wie Bäume, und wenn irgendwo Wunden gewesen sind, werden sie überwachsen. Wenn Sie einen Baum verletzten, dann wächst eine neue Rinde herum, und die Jahresringe, die der Baum ansetzt, gehen gleichwohl weiter. Daß Völker oder große Personengruppen nichts lernen können, das würde ich nicht akzeptieren.

Zweitens bin ich durchaus der Meinung, daß einzelne lernen können, daß ganze Gruppen und auch Klassen lernen können. Zum Beispiel hat die deutsche Unternehmerklasse in den fünfziger Jahren sehr viel gelernt. In den Sechzigern auch noch. In den Siebzigern wurde es dann schwächer, und gegenwärtig ist es unzureichend. Gelernt kann also überall werden, denke ich. Aber nun drittens, was das Planen angeht: What happens is always the unexpected.

Eberhard Jäckel:
Immer?

Helmut Schmidt:
Das ist eine Übertreibung. Ich zitiere auch nur. Aber es passiert mehr Unerwartetes, als sich die Planer vorstellen. Derjenige, der die Schubladen aufzieht, in dem siebenundzwanzig Pläne für siebenundzwanzig verschiedene Situationen gespeichert sind, und findet, die jetzige Lage ähnelt Planung Nummer 16 A, kann nicht einfach 16 A aus der Schublade ziehen und ausführen, was dort steht. Die Lage ist nämlich dann doch wieder ganz anders, und es spielen ganz andere Faktoren eine Rolle.
Alle Pläne für die künftige Gestaltung Europas, die zum Beispiel auf politischem Felde in den Köpfen bestanden haben, nicht in Schubladen, waren im Augenblick der Implosion der Sowjetunion nutzlos. Denn dieses Ereignis hatte niemand vorhergesehen. Es hat die Lage – in einer Hälfte Europas – völlig verschoben, vom Balkan angefangen bis nach Polen, der Tschechei und bis ins Baltikum. Damit hatte keiner gerechnet. Dafür gab es keinen Plan. Es gab auch keinen Plan, der die Dynamik Gorbatschows einbezog.

Eberhard Jäckel:
Hätte es einen solchen Plan nicht geben können?

Helmut Schmidt:

Nein. Das ist eine – wie mir scheint – theoretische Erwägung, die im praktischen Leben so nicht vorkommt. Meine Frau ist manchmal mit einem Freiballon gefahren, mit einem Brenner darunter, der heißes Gas oder heiße Luft erzeugt. Darunter hängen die Leutchen in einem Korb. Wenn sie Pech haben, geraten sie in eine Wolke oder in Nebel; sie können den Ballon nicht steuern. Sie können nur mehr heißes Gas erzeugen, dann geht er höher, oder an der Leine ziehen, dann entweicht oben Luft aus dem Ballon, und er sinkt. In diesem Fall haben sie an der Leine gezogen. Schließlich waren sie aus der Wolke, die beinah auf dem Boden auflag, wieder raus und sahen da unten – in Mecklenburg war das – einen Mann auf dem Acker arbeiten. Sie schrien runter: »Wo sind wir?« Er hat – nach Überwindung einer Schrecksekunde – raufgerufen, »Ihr seid in einem Ballon! Genau über dem Rübenacker unserer LPG!« Die da oben haben drei Dinge verstanden: Erstens, wahrscheinlich ist das richtig, was der Mann sagt; zweitens, leider wissen wir immer noch nicht, wo wir sind; und drittens, deshalb muß das ein Ökonom sein.

Mir ist die Schrift vom Ewigen Frieden sehr geläufig. Kant hat aber nicht geplant, er hat ein abstraktes, halb ethisches, halb juristisches Rezept entwickelt, nicht für bestimmte Fälle, nicht für ein bestimmtes Szenarium, sondern für alle Fälle. Den dürfen Sie also hier als Autoritätsbeweis nicht anführen. Ich will nochmal auf Ihre militärischen Beispiele zurückkommen. Schauen Sie sich die fabelhafte Planung des preußisch-deutschen Militärs an für den Feldzug gegen Frankreich 1914. Sie hatten keine Ahnung, daß Herr Tirpitz mit seiner übertriebenen Marineausrüstung völlig ins Leere laufen würde, und daß es dann, als er sich statt dessen auf etwas, was gar nicht vorgesehen war, nämlich auf einen Handelskrieg mittels U-Booten, einließ, Amerika in den Weltkrieg zog, weshalb Deutschland verlieren mußte. Das war in sämtlichen Plänen des Herrn von Schlieffen und anderer Leute gar nicht enthalten. Das ging weit über deren Vorstellungsvermögen. Der preußische Generalstab hatte sich das nicht vorstellen können und der törichte Wilhelm II. auch nicht.

Man kann einzelne Abschnitte einer Operation planen. Je begrenzter die Operation ist, desto besser funktioniert der Plan. Man kann auch Alternativpläne haben: Wenn der das macht, dann mache ich dieses. Das Schachspiel ist ein typisches Beispiel für das, was Sie meinen. Da sitzen sich aber nur zwei Menschen gegenüber. Nur zwei! Ein jeder versucht, sich hinter dem gedachten siebten Zug des anderen schon seinen achten Zug vorzustellen. Im wirklichen Leben gibt es eine beinahe unbegrenzte Zahl von wichtigen und weniger wichtigen Faktoren, die alle zusammenspielen. Der Ausdruck ›Planungsstab‹ ist eine Erfindung der letzten fünfzig Jahre. Früher hat es nur Generalstäbe gegeben, da haben Sie recht, die haben Pläne gemacht. Und was davon zu halten ist, das haben wir im Ersten und im Zweiten Weltkrieg gesehen. Jedenfalls auf deutscher Seite haben sie sich die politischen Faktoren nicht vorstellen können. Planungsstäbe in der Politik sind eine Erfindung der letzten fünfzig Jahre. Ich selber habe mir einen eingerichtet – darauf haben Sie angespielt –, als ich Verteidigungsminister wurde, vor einem Vierteljahrhundert. Da wollte ich einige Dinge in der Bundeswehr grundlegend ändern. Ich mußte meinen Absichten Legitimität gegenüber dem Militär verschaffen, auch gegenüber der öffentlichen Meinung. Also schuf ich einen Planungsstab. Es waren auch Kollegen von Ihnen beteiligt, Herr Jäckel.

Edzard Reuter:
War Theo Sommer nicht in dem Stab?
Helmut Schmidt:
Theo Sommer war damals Vorsitzender.
Eberhard Jäckel:
Thomas Ellwein.
Helmut Schmidt:
Richtig! Und dann haben die das ausgearbeitet, was ich wollte. Und das sah so aus, als ob das eine auf tausend Eruierungen gestützte Planung war. In Wirklichkeit war das meiste vorher im Kopf des Kollegen Schmidt entstanden. Nicht en détail, aber im großen und ganzen fast all das, was wir dann gemacht haben. Das heißt: das Ding hieß Planungsstab und war in Wirklichkeit nichts anderes als eine Badehose.
Wenn ich nochmal auf die ökonomische Planung zurückkommen darf. Edzard Reuter hat über Planung im Unternehmen geredet. Das ist zwar ein Riesenunternehmen, was er in der Hand hat, aber ich will hier einmal über eine Volkswirtschaft reden. Die ist noch viel riesenhafter als Daimler-Benz oder Mitsubishi. In den siebziger Jahren wurden wir überfallen – niemand von den klugen Ökonomen hatte das vorhergesehen – überfallen von einer von den Staaten der OPEC herbeigeführten weltweiten Erdölpreis-Explosion, die uns innerhalb weniger Jahre vier Prozent des Bruttosozialprodukts entzog. Und das brachte die Wirtschaften Europas und Amerikas zunächst einmal völlig durcheinander. 1973 begann es und war erst 1981 überwunden. Das war in keinem Szenario drin gewesen. Das Schlimme an den sachverständigen Ökonomen ist, daß sie sich Politik nicht vorstellen können. Sie haben weder Ahnung von den politischen noch von den massenpsychologischen Faktoren, die ins Spiel kommen.

Vorsicht mit dem Planen!

Es gibt ein Gegenbeispiel, das ist Jean Monnet und der Schuman-Plan, Mai 1950. Jean Monnet wußte genau was er wollte. Er wollte einen dritten Weltkrieg vermeiden, der in dreißig oder vierzig Jahren vielleicht würde stattfinden können, wenn man in Europa nichts ändert. Dazu war notwendig, daß die Franzosen und die Deutschen sich miteinander verständigen, und damit sie das konnten, brauchte man ein Drittes, das beide Staaten überwölbt. Das konnte man aber nicht in einem einzigen dramatischen Schritt schaffen, man mußte schrittweise vorgehen. Aus dem Schuman-Plan entwikkelte sich die Europäische Gemeinschaft für Kohle und Stahl. Daraus entwickelten sich die drei Europäischen Gemeinschaften, dann die Europäische Wirtschaftsgemeinschaft und schließlich – mehr als vierzig Jahre später – die Europäische Union. Das war aber bei Monnet kein ökonomischer »Plan«, sondern eine Gesamtvorstellung, in die Völkerpsychologie einfloß sowie Politik, Strategie und Ökonomie. Und – das ist der entscheidende Punkt, da stimme ich Edzard Reuter zu – dieser Staatsmann konnte seine Mitspieler davon überzeugen, daß es langsam, schrittweise gehen mußte. Einen Schritt nach dem anderen. Natürlich mußte er eine Vorstellung haben, wo es ungefähr hingehen sollte. Aber auch eine Vorstellung, daß es schiefgehen konnte und danach vielleicht alles ganz anders ist. Deswegen sollte man nicht heute schon den siebten Schritt planen, sondern nur den nächsten, den unmittelbar nächsten. Das ist wie beim Schachspiel, wo der andere einen Zug macht, den ich nicht erwartet habe, vielleicht eine Dummheit, die ich ihm nicht unterstellt habe – und schon sieht das Spiel ganz anders aus.

Meine Lebenserfahrung sagt mir, Vorsicht mit dem Planen! Ein Plan klingt wunderbar, und man kann sich damit auch sehr schön gegenüber Unwissenden schmücken. Zurückhaltung mit dem Planen! Guckt Euch doch Eure ganzen fabelhaften Universitätspläne an. Die deutsche Universität von heute ist ein Skandal, weil Ihr nicht in der Lage seid, Eure Pläne auszuführen, weil die Wirklichkeit sich ganz anders entwickelt hat.

Edzard Reuter:

Ich möchte das, Herr Jäckel, nochmals mit einem ganz bewußt auf ein Unternehmen hin zielendes Beispiel belegen. Schauen Sie, wir sind gerade dabei, unsere Unternehmensplanung für die nächsten fünf Jahre zu formulieren und mit dem Aufsichts-rat zu besprechen. Und da haben wir natürlich – aus den bitteren Erfahrungen der Zeiten lernend – eine ganze Liste von Punkten. Was tun wir oder was sind die Folgen, wenn das oder das geschieht? Wenn zum Beispiel unsere S-Klasse um fünf Prozent weniger verkauft wird, die Wechselkurse sich ändern, wenn die Forschungsetats der öffentlichen Hände eingestellt werden? Wir sehen schon in diesem kleinen, über-schaubaren Bereich eines Unternehmens, daß es vollkommen unmöglich ist, sich durch Planen auf alle Eventualitäten vorbe-reiten zu wollen. Es bleibt dabei – und da kommen wir vielleicht auf unser Kernthema zurück, das Sie eingangs for-muliert haben – es bleibt dabei: Natürlich müssen wir eine Vorstellung vom Weg haben, den wir gehen und von dem Ziel, das wir als nächstes anpeilen wollen. Und ganz sicher ist es notwendig, daß man sich auch einen anderen als den idealen Verlauf vorstellt.

Wir haben über die europäische Vereinigung und die weiteren Schritte gesprochen, die auf dieses Ziel hinführen würden. Über die Notwendigkeit solcher weiteren Schritte waren wir uns – glaube ich – einig. Ich stimme zu, wenn Sie jetzt sagen, Politik, übrigens in gleicher Weise auch die Wirtschaft, sei gut beraten, sich Gedanken darüber zu machen, was sie tut, wenn diese in den Maastricht-Verträgen formulierten Ideen in dem Kontext der Europäischen Gemeinschaft, der Europäischen Union, wie sie jetzt heißt, so nicht zu realisieren sind. Wenn wir da nicht weiter vorankommen, was wäre eigentlich die Alternative? Hier muß man sich vorab und möglichst sorgfältig und seriös Gedanken darüber machen. Das kann man auch. Aber genau diese Arbeit können eben Planungsstäbe nicht leisten. Leisten kann das wohl eine Regierung, eine Opposition, ein Unternehmen, das sich überlegt, was wäre, wenn wir uns zunächst einmal einen Weg mit den Franzosen und den Benelux-Staaten vorstellen – ein Kerneuropa, weil das andere nicht funktioniert. Da bin ich bei Ihnen. Aber das ist nicht aus der Geschichte lernende, aus ihren Gefahren abgeleitete Zukunftsplanung: Es ist etwas völlig anderes.

Historiker: Rückwärts gekehrte Propheten

Eberhard Jäckel:
Mich als Historiker treibt immer der Gedanke um, daß sich bestimmte Entwicklungen und Katastrophen klar abgezeichnet haben. Natürlich erkennt man das mit Sicherheit erst im nachhinein. Der Historiker ist ein rückwärts gekehrter Prophet, hat Schlegel einmal gesagt. Aber es gab doch häufig Anzeichen, und man vermißt, daß die Menschen darauf reagiert haben.
Wenn man etwa 1932 ein paar kluge Leute gefragt hätte, was in zehn Jahren sein werde, dann hätte die Prognose sicherlich nicht gelautet, im Jahre 1942 werde die deutsche Armee in

Stalingrad eine schwere Niederlage erleiden. Aber 1932 war klar zu erkennen, daß es die Gefahr eines neuen Weltkrieges gab. Meine Kritik ist, daß sich damals die Politiker – ich rede nicht nur von Deutschland, sondern auch von den anderen Ländern – kurzfristig damit beschäftigten, wie sie die Weltwirtschaftskrise überwinden konnten, und dazu alle möglichen Schutzzollbestimmungen und andere egoistische Maßnahmen ergriffen, obwohl sie doch das Risiko sahen, daß es zu einer globalen Konfrontation kommen konnte. Sie haben auch darüber diskutiert. Aber sie haben viel zu wenig dagegen getan. Das ist meine Frage: Kann man sich nicht langfristig auf Risiken einstellen? Nicht die einzelnen Schritte im voraus definieren, das gebe ich sofort zu. Aber ich sträube mich als Historiker dagegen zu sagen, man könne sich auf Risiken überhaupt nicht einstellen.

Helmut Schmidt:
Das hat aber mit einem Planungsstab jetzt nichts mehr zu tun.

Eberhard Jäckel:
Na gut, das jedenfalls habe ich gemeint.

Helmut Schmidt:
Der Begriff Planungsstab hatte aber einen ziemlich konkretisierten Inhalt. Jetzt kommen wir uns ein bißchen näher. Da gibt es ein schönes Beispiel. Nicht ganz so groß wie das Ihrige. Als die Westalliierten in der zweiten Hälfte des Krieges beschlossen, auf den europäischen Kontinent zu gehen, war Churchill der Meinung, man solle auf den Balkan gehen, sonst würde die Sowjetunion nach Mitteleuropa vordringen. Dagegen gab es Einwände: Es war logistisch und militärisch sehr viel schwieriger, auf dem Balkan Fuß zu fassen, als, wenn man in der Normandie einmal Fuß gefaßt hatte, von dort aus die deutsche Front aufzurollen. Churchill ist unterlegen, aber

seine Prognose hat sich bewahrheitet. Der Ausdruck Planung ist dafür nicht ganz richtig. Planung hat einen zu sehr umschriebenen Inhalt. Entscheidend war die strategische Lebenserfahrung dieses Mannes, sicherlich gestützt durch eine Reihe von guten Beratern, mit denen er diskutiert hat, ohne daß das öffentlich sichtbar wurde. Was dann tatsächlich gemacht wurde, die Landung in der Normandie, das war exakteste militärische Planung en détail und en gros, und die hat sehr gut funktioniert.

Edzard Reuter:
Das ist aber eine Durchführungsplanung, eine rein operative Planung...

Eberhard Jäckel:
Das ist nicht das, was ich meinte...

Helmut Schmidt:
Das war dann keine großräumige Voraussicht mehr, richtig. Wenn Sie heute schauen, wie Clinton und Kohl sich mit Boris Jelzin verbrüdern – als ob es darauf ankäme, der kann morgen weg sein –, ohne zu wissen, ob Rußland eine Weltmacht bleibt, egal, ob da jetzt zehn Jahre Schwäche oder dreißig Jahre Schwäche eintreten, das zeigt das mangelnde Genie dieser westlichen Führungsfiguren, die mangelnde geschichtliche Erfahrung oder die mangelnde strategische Urteilsfähigkeit. Die Kulturen – habe ich eingangs gesagt – die Kulturen ganzer Nationen oder ganzer Nationengruppen können lernen und tun das auch, aber das heißt immer noch nicht, daß sie Klavier spielen können, hinterher, wenn sie gelernt haben. Gegenwärtig haben wir Leute im Westen, die können nicht Klavier spielen, auch Leute im Osten, die nicht Klavier spielen können. Das kann man ihnen nicht vorwerfen. Aber es ist so. Deshalb sage ich ›the unexpected is what happens‹.

Eberhard Jäckel:
Sollten wir statt Planung lieber ›präventives Krisenmanagement‹ sagen?

Gefahren des Augenblicks

Edzard Reuter:
Natürlich dreht sich unser ganzes Gespräch in dem Sinne, wie wir es jetzt klarstellen, in Wirklichkeit nicht um Planungsstäbe, sondern um eine Perzeption der Zukunft, die Vorstellung des zukünftigen Weges hin zu einem bestimmten Ziel. Dieses Gespräch bleibt ja auch nur verständlich, wenn wir ständig Ihre Grundfrage im Auge behalten: Gibt es wieder die Gefahr eines deutschen Sonderweges? Das beruht auf einer geschichtlichen Erfahrung, und ich denke, nur ein Narr – darüber sind wir uns ja alle einig –, nur ein Narr würde leugnen, daß es diese Gefahr nicht wieder geben kann. Ich habe schon gesagt, wie skeptisch ich bin, ob unsere heutige Situation mit den Einzelheiten des Ablaufes der Wiedervereinigungskrise und der Anpassungskrise bei der Gründung des Deutschen Reiches vergleichbar ist. Aber daß der Weg eine solche Gefahr beinhalten kann, sollte wohl niemand leugnen. Deswegen sind wir uns ja auch so einig, daß der Weg nach Europa weitergeführt werden muß. Und ich wiederhole: Dieser Weg kann nur erfolgreich sein, wenn er in eine glaubwürdige Politik eingebettet ist, die unangenehme Wahrheiten nicht nur sagt, sondern vor sich selber erst einmal erkennt. Das ist nämlich eine ebenso seltene wie große Fähigkeit, die – wie mir scheint – vielen Leuten abgeht.
Wege in die Zukunft kann man nur weisen, wenn man weiß, was für Gefahren im Augenblick bestehen, wie die Lage im Augenblick überhaupt ist. Wenn man das verdrängt oder gar

nicht wahrnehmen kann, weil man nicht ›Klavier spielen kann‹, dann mag auch das – wie sich aus der Geschichte ableiten läßt – zu Gefahren führen. Und die Notwendigkeit, über Alternativen nachzudenken, auch wenn der jetzige Weg nach Europa – wie es so schön heißt – zielführend ist, diese Notwendigkeit dürfte ja auch klar sein. Also: In diesem Sinne gibt es für mich an diesem Punkt des Gespräches überhaupt keinen Dissens mehr.

Wiederholt hat Helmut Schmidt sehr überzeugend dargelegt, daß all diese Überlegungen zugleich zwingend eine Einbindung in ein Weltgeschehen erfordern. Das ist auch meine tiefe Überzeugung, wenn auch aus vielleicht anderen Gründen. Ich bin mir nämlich ganz sicher, daß die modernen Technologien, daß die wirtschaftlichen Verflechtungen, daß auch die ökologischen Verflechtungen in der Welt inzwischen so beschaffen sind, daß wir nicht mehr nur europäisch denken können. Trotzdem muß natürlich unser nationaler deutscher Weg ständig mit bedacht werden, kein Zweifel.

Deutschland: Risiko für Europa?

Eberhard Jäckel:

Das war ja meine Ausgangsfrage gewesen. Im Moment der Vereinigung dachte ich und denke es immer noch, daß dieses Deutschland für das europäische Gleichgewicht zu groß ist. Geschichte wiederholt sich nicht, sagt man. Aber der Historiker kann zeigen, daß sich bestimmte Dinge eben doch wiederholen, zum Beispiel, daß zahlenmäßig oder ökonomisch überlegene Staaten die Tendenz haben, die Vorherrschaft anzustreben. Das ist ja unsere Ausgangsfrage gewesen, und wir haben dazu auch einiges gesagt in dem Sinne, es könne ein Risiko für Europa bestehen. Wir haben dazu gesagt, deswegen solle die europäische Integration, auch durch die Einführung einer gemeinsamen Währung, möglichst unumkehrbar gemacht werden.

Helmut Schmidt:

Also mit der Unumkehrbarkeit – da bin ich zurückhaltend.

Edzard Reuter:

Ich glaube aber schon, Helmut Schmidt, wir könnten darin übereinstimmen, daß die Gefahren eines Auseinanderfallens erheblich gemindert werden, wenn einmal eine Währungsunion . . .

Helmut Schmidt:

Ja, ja, aber unumkehrbar . . . Wir haben gerade einen ganz wichtigen Schritt, der zur Währungsunion führen sollte, umgekehrt, indem das europäische Währungssystem kaputt getrampelt wurde. Mit fleißigem Bemühen der Bundesbank, zunächst einigermaßen sorgfältig verborgen, später ziemlich offen.

Edzard Reuter:

Was ich meine ist nur, wenn es einmal zwischen Frankreich, den Niederlanden, Belgien, Luxemburg und der Bundesrepublik Deutschland eine einheitliche Währung gibt, die von einer gemeinsamen Zentralbank verantwortlich gesteuert wird, dann ist – unter Gesichtspunkten der Historie Europas – die Wahrscheinlichkeit, daß es in diesem Kernbereich Westeuropas ein Auseinanderfallen gibt, auf nahe Null reduziert. Sie haben in einem Punkt ganz sicher recht: Geschichte ist nach vorne immer offen. Aber die Wahrscheinlichkeit ist sehr gering, weil das Zusammenwachsen gestützt wird durch eine Verknüpfung der gesamten Infrastruktur, und weil es untermauert ist durch eine wirtschaftliche Verzahnung der Unternehmen untereinander. Das heißt, die Gefahren des Auseinanderfallens sind damit zumindest nach menschlichem Ermessen sehr stark reduziert. Wenn wir sagen würden, sie gibt es überhaupt nicht mehr, dann würden wir ja künftigen Generationen das kreative Weiterdenken verbieten. Die Entwicklung geht weiter, auch künftige Generationen werden noch etwas zu tun haben. Doch alles in allem glaube ich schon, daß dieses ein aus geschichtlichem Lernen gegründeter Schritt wäre, der in die Zukunft führen und unserer Frage eine einigermaßen hilfreiche Beantwortung liefern würde.

Eberhard Jäckel:
Kaum etwas hat mich in letzter Zeit so beunruhigt wie die Aussage des bayerischen Ministerpräsidenten Stoiber, die Bundesrepublik Deutschland könnte aus der Europäischen Union möglicherweise auch wieder austreten, auch wenn das nur als wahlkampftaktische Verneigung vor den nationalistischen Republikanern gemeint war. Das war für mich eine Bestätigung der Besorgnisse, die ich hatte, und deswegen bin ich um so mehr dafür, daß ein solches Ausscheiden Deutschlands aus der Europäischen Union so gut wie unmöglich gemacht wird.

Eine ›kleine‹ Währungsunion?

Helmut Schmidt:
Ich stimme Edzard Reuter zu, wenn er sagt, daß eine Europäische Währungsunion eine sehr weitreichende Garantie gegen deutsche Sonderwege sein könnte und gegen ein Wiederaufleben von nationalen Konflikten zwischen Deutschen und Franzosen, zwischen Holländern und Deutschen. Aber gerade die Währungsunion ist im Vertragssystem von Maastricht mit so vielen Bedingungen, verklausulierten Bedingungen, versehen worden, daß sie so, wie es im Vertrag steht, mit Sicherheit

nicht verwirklicht werden kann. Der beste Weg wäre – angenommen, man wird nach einigen Jahren einsehen, daß es nach diesem Vertrag nicht geht –, wenn man dann – wie Edzard Reuter vorschlug – einen etwas vorsichtigeren Schritt tut und sagt, wir machen aus dem Französischen Franc und dem Belgischen Franc, aus dem Holländischen Gulden und der Deutschen Mark eine Währungszone mit einer Währung und die heißt nicht Ecu, sondern die hat irgendeinen anderen Namen, und sie wird auch nicht von der Bundesbank gemacht. Das wäre ein sehr viel vorsichtigerer Schritt.

Das Schlimme ist, daß sie bei dem schrittweisen Vorgehen auch Schritte rückwärts machen können. Und die Schritte rückwärts werden möglicherweise von einzelnen gemacht – mit ganz großen Auswirkungen. Zum Beispiel von Helmut Schlesinger und sodann von Helmut Kohl, der von Währung nichts verstand und den Bundesbankpräsidenten Schlesinger hat machen lassen. Wenn statt dessen dort ein anderer Kanzler gewesen wäre, und in der Bundesbank ein Mann wie Wilfried Guth oder Karl Klasen, dann wäre es ganz anders gelaufen. So können einzelne Menschen einen weltpolitischen Einfluß ausüben. In diesem Fall sogar, ohne daß die öffentliche Meinung oder die Historiker das gemerkt haben. Ich will damit nur illustrieren, in welcher Weise Faktoren eine Rolle spielen, die sich nicht planen lassen.

Eberhard Jäckel:
Aber vielleicht sind das in einer größeren Perspektive nur Einzelheiten der Vertragserfüllung. Der Weg ist richtig: Man soll die Europäische Union fortentwickeln, auch erweitern und möglichst stabilisieren. Daß man auf dem Wege dorthin dann Abweichungen bekommt ...

Europäische Union: Ein Aliud?

Helmut Schmidt:

Jetzt haben wir viel zu viele Schritte auf einmal in das Maastrichter Vertragssystem reingeschrieben, von denen ziemlich sicher ist, daß mehrere von ihnen nicht funktionieren werden. Sie haben vorhin ein typisch deutsches Begriffspaar erwähnt: Staatenbund und Bundesstaat, rekurrierend auf die schriftlichen Darlegungen von Menschen am Ende der Befreiungskriege zu Beginn des 19. Jahrhunderts und auf die typisch deutsche Diskussion, Staatenbund oder Bundesstaat. Die EWG, die EG und jetzt die EU, das war eine Abfolge ganz anderer Formen, etwas gänzlich Neues, nennen wir es ein Aliud. Es kann nur weiter existieren, wenn es ein Aliud bleibt. Wenn das auf einen Bundesstaat hinauslaufen sollte, muß es schiefgehen, denke ich. Die Vereinten Nationen 1945 in San Francisco waren auch ein Aliud, auch etwas ganz anderes. Da gab es immerhin das Präjudiz des in Genf schiefgegangenen Völkerbundes und das andere Präjudiz, daß die Amerikaner sich daran nicht beteiligt hatten; daraus konnte man lernen, hat man auch was gelernt. Gleichwohl, die Idealvorstellungen von San Francisco, die sich in den ersten zehn Jahren mit den Vereinten Nationen verbunden haben, von denen ist relativ wenig nachgeblieben. Statt dessen haben wir Tochterorganisationen und insgesamt eine UN-Bürokratie geschaffen, die genau so schlimm ist wie die der Europäischen Gemeinschaft in Brüssel. Es sind zu viele Faktoren im Spiel. Denken Sie an den Sicherheitsrat der Vereinten Nationen: fünf ständige Mitglieder mit Veto-Recht; vierzig Jahre lang waren unter diesen mit Veto-Recht ausgestatteten Mitgliedern zwei kommunistische Diktaturen. Das hatte man sich 1945 so nicht vorgestellt.

Jetzt, weil die eine zusammengebrochen ist, war es möglich – zum ersten Mal –, daß ein israelischer Premierminister und ein palästinensischer Führer miteinander über Frieden reden. Das hätte die alte Sowjetunion nicht zugelassen. Niemand hat das vorhergesehen oder gar Pläne für deren Implosion gehabt, keiner von denen, die Szenarien für die weitere Entwicklung im Osten Europas entwickelt haben.

Eberhard Jäckel:
Und doch sage ich, das Szenario war richtig. Im Grunde hat schon der Abbé de Saint-Pierre die Idee gehabt, einen Völkerbund zu gründen. 1919 ist es wieder versucht worden, 1945 noch einmal. Gut, ich räume ein, daß es lange nicht funktioniert hat. Roosevelt hat sich wohl Hoffnungen gemacht, es könne mit Stalin funktionieren, und es hat wieder nicht funktioniert. Aber nun, vierzig Jahre später, unter den Bedingungen, die Sie eben beschrieben haben, zeigen die Vereinten Nationen auf einmal, daß sie in einzelnen Fällen doch funktionieren.

Helmut Schmidt:
Der Fortschritt der Menschheit ist nicht ausgeschlossen.

EU: Deutschlands vitales Interesse

Eberhard Jäckel:
Aber sollte man nicht öffentlich über diese langfristigen Dinge diskutieren und nachdenken? Gewiß nicht alle, aber einzelne? Was mich an der gegenwärtigen Diskussion in Deutschland so stört, ist, daß wir alle von den Problemen der Vereinigung reden und sagen, sie müßten gelöst werden, und dabei davon ausgehen – das wird nicht explizit ausgesprochen, aber es wird eigentlich angenommen –, nach der Lösung dieser Probleme werde ein mehr oder weniger problemfreier Zustand, gewis-

sermaßen der Normalzustand der Geschichte, eintreten. Das wird mit Sicherheit nicht so sein, und ich bedauere, daß wir nicht in der Öffentlichkeit darüber nachdenken, was geschehen könnte, welche Risiken und Chancen vorhanden sind, wenn einmal dieses nationale Gebilde Bundesrepublik Deutschland mit achtzig Millionen Einwohnern – zwanzig Millionen mehr als die nächstgrößten europäischen Staaten – seine aktuellen Probleme gelöst haben wird. Wir geraten dann möglicherweise in Schwierigkeiten, die um so größer sein werden, je mehr wir vorher immer gesagt haben, wir könnten sie sowieso nicht beherrschen.

Helmut Schmidt:
Das würde ich so nicht unterschreiben. Bleiben wir bitte bei dem Versuch, diesen Achtzig-Millionen-Staat, der beinah eineinhalb mal so groß ist wie Frankreich oder England oder Italien, doppelt so groß wie Polen, mehr als fünfmal so groß wie Holland, bleiben wir mal bei dem Versuch, diesen Achtzig-Millionen-Staat einzubinden – und damit den Deutschen einen möglichen, denkbaren Sonderweg zu versperren –, einzubinden in die Europäische Gemeinschaft.

Was ich vermisse, ist, daß die politischen Kräfte in Deutschland, auf der Linken wie auf der Rechten, sagen, warum insbesondere für die Deutschen diese Europäische Union ein vitales, eigenes Lebensinteresse darstellt. Es wird den Deutschen nicht erklärt, daß Europa für uns nicht ein hehres Ideal ist. Es wird auch nicht erklärt, daß die Europäische Gemeinschaft nicht mehr nötig ist wie 1946 in der Zürcher Rede von Churchill oder wie 1950 von Monnet und Schuman geplant, um eine Barriere gegen das weitere Vordringen der Sowjetunion zu bilden und eine Infiltration der kommunistischen Ideologie nach Italien und Frankreich zu vermeiden. Es muß klar ausgesprochen werden, daß das zweite Motiv der Herren Churchill und Monnet inzwischen zu unserem Hauptmotiv werden muß, nämlich Deutschland einzubinden, freiwillig uns selbst einzubinden. Dies wird leider weder ausgesprochen von Herrn Kohl, noch von Herrn Scharping, noch wird es überhaupt ausgesprochen von einem der Politiker. Sie tun alle so, als ob die Europäische Union uns ein großes Ideal sei und kein Lebensinteresse.

Eberhard Jäckel:
Das ist doch genau mein Punkt.

Helmut Schmidt:
Dann sind wir einer Meinung.

Edzard Reuter:
Wir sind sicher im Grundsatz einer Meinung. Ich persönlich glaube allerdings, bei aller sonstigen Skepsis, daß man dem derzeitigen Bundeskanzler nicht vorwerfen kann, er habe nicht versucht, dies immer wieder deutlich zu machen – keiner kann glaube ich bestreiten, daß es seine Grundidee ist, geboren aus der Einsicht, daß es . . .

Helmut Schmidt:
Ich bin Ihrer Meinung. Helmut Kohl will Deutschland einbinden. Aber er sagt es so nicht. An seiner Motivation habe ich keinen Zweifel.

Mut zur Offenheit

Edzard Reuter:
Jetzt kommen wir doch wieder zu dem eigentlichen Punkt. Sie haben vorhin das Thema angeschnitten, warum das alles nicht öffentlich diskutiert wird. Es gibt in der Tat viele Themen, die in Deutschland bei weitem nicht ausreichend und klar genug diskutiert werden. Das Europa-Thema ist eines davon,

womöglich das allerwichtigste. Aber es gibt durchaus auch noch andere Themen. Wir sprechen eben leider nicht oder allenfalls am Rande über die handgestrickten Probleme, die wir haben. Der Grund: Weil wir die Fakten nicht auf den Tisch legen, weil wir nicht den Mut haben, offen und klar zu sagen, welches unsere Probleme sind. Wir reden nicht offen und klar über unsere wirtschaftlichen und über unsere sozialen Probleme, weil wir auf den nächsten Wahltag schielen. Wenn man aber nicht einmal dazu imstande ist, wie können wir dann vor der Bevölkerung überzeugend vertreten, warum dieses Europa in unserem Interesse liegt?

Ich bin der letzte, der hier Politikschelte insgesamt vom Zaune brechen will. Aber es ist schon ein Problem auch unserer politischen Eliten, möglicherweise unserer Führungseliten insgesamt – ich schließe gern die Gewerkschafter und die Unternehmer mit ein, von den Kirchen ganz zu schweigen –, daß wir solche Themen weder ausreichend diskutieren noch sie dann auch umsetzen in tatsächliche Führung. Das ist, fürchte ich, allerdings nicht nur ein deutsches Problem, denn dasselbe erleben wir auch in unseren Nachbarländern. Dort wird beispielsweise die Europadiskussion nicht weniger diffus geführt. Und das ist schon eine sehr höfliche Umschreibung, wenn ich mir einmal anschaue, wie in Frankreich die Diskussion um das Referendum geführt worden ist. Das war wahrlich keine große Ruhmestat für die französische politische Elite, der man doch nachsagt, sie würde mit größter Klarheit und Luzidität die Dinge in ihrem Pro und Kontra abwägen.

Genau hier also müssen wir anpacken, und mein Ceterum censeo bleibt: die öffentliche Diskussion muß endlich das Verständnis dessen einschließen, welches die wirklichen weltwirtschaftlichen, welttechnologischen und weltökologischen

Zusammenhänge sind. Davon ist bisher wirklich nicht die geringste Spur einer seriösen Diskussion in der Öffentlichkeit zu erkennen.

Eberhard Jäckel:
Ich will noch einen Verdacht äußern: Im Jahre 1989 ging es der Bundesregierung und dem Bundeskanzler bekanntlich nicht sehr gut. Es zeichnete sich ab, daß er die Wahlen in der zweiten Hälfte des Jahres 1990 vielleicht nicht gewinnen würde. Dann fiel die Mauer, und ich habe den Verdacht gehabt, daß seine erste Reaktion war: Nun kann ich die Wahlen doch noch gewinnen. Und daß er den Prozeß der Vereinigung – der dann, wie ich einräumen will, im ganzen sehr gut gelaufen ist – vor allem unter diesem taktischen Gesichtspunkt geführt hat. Und das ist es, was ich das allzu kurzfristige Denken der Politiker nenne.

Gab es eine Alternative zur Vereinigung?

Edzard Reuter:
Hier würde mich jetzt wirklich einmal die Meinung von Helmut Schmidt interessieren. Wenn ich nochmal das Jahr 1989 in Erinnerung rufe, als die Wahl der Modrow-Regierung bevorstand, das war der Zeitpunkt, als Kohl im Bundestag den Zehn-Punkte-Plan verkündet hat. Es war die Zeit, als die Meinung vorherrschte, es gebe im Grunde genommen zwei deutsche Staaten, die konvergent aufeinander zumarschieren, sich aber eine gehörige Zeit nehmen könnten, um sich vernünftig aufeinander zuentwickeln zu können. Die Frage, ob es eines Tages ein volles Zusammenwachsen geben würde oder nicht, war offen. Es gab damals Vorstellungen, die, wie Helmut Schmidt vorhin zu Recht gesagt hat, aus deutscher staatsrechtlicher Tradition kamen, wie das ganze Gebilde

heißen könnte, Konföderation oder ich weiß nicht was. Glauben Sie wirklich, Helmut Schmidt, daß so, wie die Dinge gelaufen sind, auf dem Hintergrund auch des Zusammenbruchs der Sowjetunion, des kommunistischen Systems, daß es damals eine Alternative zur Vereinigung beider deutscher Staaten gab?

Helmut Schmidt:

Nein, nein. Es ist ein großes Verdienst von Kohl, daß er das Fenster, was sich leicht öffnete, aufgestoßen und zugegriffen hat. Daran ist kein Zweifel; keine Sekunde. Was Herrn Jäckels Verdacht angeht, daß für Kohls Handeln das Denken an den nächsten Wahltag wesentlich gewesen sei, das würde ich so nicht sehen wollen. Fast nie in einer Demokratie kann ein Präsident der USA, Frankreichs oder ein deutscher Bundeskanzler oder auch nur ein baden-württembergischer Ministerpräsident oder ein Oberbürgermeister von München, fast nie kann er bei dem, was er tut oder bei dem, was er läßt oder wie er es tut, vermeiden – soll er auch nicht –, dabei an die Meinung des Volkes, des Wählervolkes zu denken. Das soll doch auch wohl so sein! Demokratie ist kein idealistisches Gebilde. Es gibt nur wenige dramatische Akte eines Politikers in der Demokratie, in denen die nächste Wahl keine Rolle spielt. Aber daß sie die Hauptrolle gespielt hätte oder gar die alleinige Motivation von Kohl gewesen sei, den Eindruck hatte ich 1990 nicht. Sein Verdienst ist, die Chance der Vereinigung erkannt und zugegriffen zu haben.

Im übrigen ist nicht alles dabei besonders glücklich verlaufen. Die von Edzard Reuter erwähnten Zehn Punkte zum Beispiel hätte ich an seiner Stelle dem französischen Staatspräsidenten achtundvierzig Stunden vorher auf den Tisch gelegt und hätte ihn gefragt: Was denkst Du darüber? Das war eine Unterlassungssünde, die sich dann ja auch gerächt hat. Mitterrand hat da weiß Gott seine Versuche gemacht – nicht ganz so wie Maggie Thatcher –, den Prozeß zu behindern. Es wäre sowieso immer schwierig gewesen, den Franzosen die Vereinigung der beiden deutschen Nachkriegsstaaten schmackhaft zu machen. Dennoch werden solche Unterlassungssünden durch Handschläge auf den Gräbern von Verdun nicht wieder wettgemacht. Aber das nationale Vereinigungsmotiv – und dahinter steht das Motiv, den sechzehn Millionen Menschen, die es damals drüben gab, die Freiheit zu verschaffen –, dieses Motiv würde ich nicht in den zweiten Rang stellen wollen. Das glaube ich nicht. Ich glaube, da muß man Helmut Kohl kreditieren, daß er es im Prinzip richtig gemacht hat.

Wie hätten Sie es gemacht, Herr Schmidt?

Eberhard Jäckel:
Darf ich Sie einmal fragen, ob Sie, wenn Sie als Bundeskanzler in dieser Lage gewesen wären, ob Sie, von den Einschränkungen abgesehen, die Sie eben erwähnten, ähnlich gehandelt hätten? Oder was waren Ihre unmittelbaren Reaktionen, als die Lage sich abzeichnete, daß die Vereinigung Deutschlands möglich werden könnte?

Helmut Schmidt:
Ich kann mich ganz genau erinnern. Es waren zwei Reaktionen. Als die Mauer aufgemacht wurde, in Berlin im November 1989, da hätte ich fast vor dem Fernseher geheult. Ich war immer überzeugt gewesen, dieser Tag wird kommen. Aber ich habe nie gedacht, daß ich ihn noch erlebe. Ich war davon überzeugt, daß er kommen wird und habe bei allem, was ich tat – in Richtung Osten wie in Richtung Westen – immer daran gedacht, daß man nichts tun darf, um ihn noch weiter

hinauszuschieben, als er sowieso schon erscheint. Ich habe sogar für eine Autobahn gesorgt, von Hamburg nach Berlin. Da haben die Leute alle über mich gelacht: »Die bleibt doch ganz leer!« Ich wußte, wenn der Tag kommt, dann wird sie voll werden. Ich war gestern auf dieser Autobahn, sie ist jetzt voll. Ein paar Tage nach der Öffnung der Mauer habe ich bei einer der politischen Konferenzen in der ZEIT-Redaktion gesagt: »Jetzt muß der Bundeskanzler eine ›Blut-Schweiß-und-Tränen-Rede‹ im Sinne von Winston Churchill an das deutsche Volk richten« – genauer gesagt, an das westdeutsche Volk. ›Blut‹ war nicht wörtlich gemeint, aber ich dachte an eine mitreißende Rede, die an die Opferbereitschaft der Nation appelliert. Das hätte ich ganz gewiß anders gemacht als Kohl.

Eberhard Jäckel:
Hat er das nicht vielleicht deswegen unterlassen, weil er die Wahl gewinnen wollte?

Helmut Schmidt:
Das weiß ich nicht. Ich glaube, er hat es nicht gesehen. Ich glaube, er hat mangels Kenntnis die ökonomischen Probleme überhaupt nicht gesehen. Ich verstand zufällig was von Ökonomie, zumal von der Vereinigungsökonomie, weil ich dreißig Jahre vorher darüber eine Arbeit geschrieben hatte. Ich habe 1958/59 unter der Stabführung von Herbert Wehner eine Arbeit geschrieben über den Vollzug der wirtschaftlichen Vereinigung der beiden deutschen Staaten und wie sie vor sich gehen müßte. Diese kleine Schrift ist veröffentlicht. Obwohl die Produktivitätsdifferenz damals nicht entfernt so schlimm war wie heute, konnte ich doch die Arbeitslosigkeit voraussehen, weil die ostdeutsche Industrie nicht wettbewerbsfähig sein würde. Daraus ergaben sich für mich Schlußfolgerungen

für den damaligen Deutschlandplan der SPD. Eine der Schlußfolgerungen war, daß man dazu drei Phasen brauchen würde.
Das Phasenkonzept hätte ich 1989 wahrscheinlich nicht auf-
recht erhalten, weil das internationale Fenster vielleicht nicht
so lange offengeblieben wäre; die Phasen hätten aber vielleicht
fünf Jahre in Anspruch genommen. Jedenfalls hat der glückli-
che Zufall meines Lebens mich frühzeitig dazu geführt, die
ökonomischen Probleme zu sehen, die Helmut Kohl überhaupt nicht gesehen hat. Er kam sich vor wie Adenauer und
Erhard in einer Person und hat gemeint, wenn wir einen Markt
herstellen, dann geht im Handumdrehen alles prima und in
vier Jahren gibt es blühende Landschaften. Und das ganze
Volk im Bundeswirtschaftsministerium hat ihm nicht gesagt,
daß es natürlich für die wirtschaftliche Vereinigung nicht nur
von dem kleinen Schmidt, sondern auch von Beiräten und
Sachverständigen immer wieder Ausarbeitungen gegeben hat.
Es hat viel sachliches und fachliches Wissen gegeben; aber das
war dem Bundeskanzler Kohl überhaupt nicht bewußt, oder
aber er hat es für unerheblich gehalten. Das hätte ich gewiß
anders gemacht.
Für all die Schritte nach der Vereinigung – schon für den
Vereinigungsvertrag – trägt er schwere Verantwortung. Diese
idiotische Geschichte, daß alles, was früher einmal enteignet
worden ist, heute den Schwiegersöhnen und den Enkelsöhnen
zurückerstattet werden muß, ohne Rücksicht auf die eintretenden psychologischen Folgen; die Schnapsidee, die Volkswirtschaft eines Sechzehn-Millionen-Staates im Handumdrehen durch Auktion zu privatisieren, mit der Konsequenz, daß
mangels eigenen Geldvermögens niemand von den Einwohnern Sachsens oder Mecklenburgs auch nur die kleinste
Chance hatte, ein wenig davon zu erwerben, so daß alles, aber

auch wirklich alles, in westdeutsche Hände geraten ist, das hat Kohl nicht gesehen, hat er sich nicht vorgestellt. Das war leichtfertig.

Eberhard Jäckel:

Aber das ist doch genau das Manko, von dem ich rede. Sie haben jetzt das fast bestätigt, was ich mir wünsche. Sie waren immer überzeugt, haben Sie gesagt, daß der Tag kommen wird. Und nicht nur das, Sie haben sich darauf eingerichtet, Sie haben sich sogar mit wissenschaftlichen Arbeiten darauf vorbereitet. Das ist doch genau das, was nach meinen Vorstellungen geschehen sollte und jetzt wieder geschehen müßte. Jetzt müßte man sich doch wieder auf das einrichten, was kommen kann, ob nun Planung der richtige Ausdruck ist oder nicht.

Osteuropa und die NATO

Helmut Schmidt:

Nehmen wir mal ein typisches Beispiel. Das außenpolitische Schicksal Polens, der Tschechischen Republik, der Slowakei und Ungarns. Die möchten alle gerne so schnell wie möglich in die NATO, und der Westen hat gezögert. Wie ich meine, mit Recht. Es gibt auch bei uns Leute, die sagen, man sollte diese Länder so schnell wie möglich in die NATO aufnehmen. Ich glaube, daß die Zögerlichkeit des Westens aus mehreren Gründen richtig ist. Zunächst muß man übrigens wissen, die Polen wollen in die NATO nicht nur wegen ihrer Angst vor den Russen, sondern auch wegen der Angst vor den Deutschen, das darf man sich selber nicht verschweigen. Ich möchte aber das alles mal mit den Augen eines russischen Generalstabsmajors betrachten: Er weiß, heute in fünfzehn Jahren ist er General und vielleicht Divisionskommandeur, vielleicht ist er aber auch Chef der operativen Abteilung des russischen

Heeres. Wenn ich das mit den Augen dieses ehrgeizigen dreiunddreißigjährigen Majors betrachte, dann sieht das so aus: Da ist also durch diesen verdammten Fehler Gorbatschows der Feind von der Elbe bis an die Oder vorgerückt. Und nun soll er auch noch an unsere Westgrenze vorrücken? Im Augenblick sind wir Russen zwar zu schwach, das zu verhindern, aber das werden wir – ums Verrecken – wieder rückgängig machen. So stelle ich mir zumindest einen Teil der russischen Generalstabsmajore vor, und deswegen denke ich, man sollte Weltmächte nicht ohne Not provozieren. Es ist sehr schwer, dies den Polen klarzumachen, zumal wenn man ein Deutscher ist, vor dem sie ja in Wirklichkeit auch Angst haben. Und Bill Clinton ist im Prinzip nicht so ganz auf dem falschen Dampfer gewesen, als er den Polen eine *partnership for peace* angeboten hat. Sie ist dann allerdings insgesamt ganz falsch konzipiert worden, denn er hat sie gleichzeitig auch Rußland angeboten und Kasachstan und was weiß ich wem, das ging reichlich weit. Er hat Polen und Rußland in den gleichen Topf tun wollen. Das hat in Polen kein positives Echo finden können.

Aber Tatsache ist, er hat zunächst gezögert, weil er nämlich nicht wissen kann, was in Rußland passiert, er kann nicht wissen, was in Polen passiert. Er kann auch nicht wissen, wie sich die Minoritätsprobleme in Estland, in Lettland, in Litauen entwickeln. Wie wird das mit den russischen Minderheiten? Gestern habe ich eine Rede des estnischen Staatspräsidenten gehört. Eine in der Form höfliche, in der Sache sehr scharf anklagende Rede über die Russen und den ihnen unterstellten Expansionismus. Der Redner schien gar nicht im Kalkül zu haben, daß er eine russisch sprechende Minderheit von fünfunddreißig Prozent innerhalb seiner Staatsgrenzen hat.

Edzard Reuter:

Oder er hat es klar im Kalkül.

Helmut Schmidt:

Und redet deswegen aggressiv. Clinton oder der Westen insgesamt wissen nicht, ob es zu Feindseligkeiten, zu einem Einmarschversuch kommt –, den möglicherweise die Esten mehr provozieren, als die Russen ihn verschulden. Deswegen kann man zum Beispiel die Esten nicht morgen in die NATO aufnehmen. Es sind zu viele unbekannte, gegenwärtig nicht wägbare Faktoren im Spiel. Nehmen Sie ein ganz anderes Beispiel, Rumänien. Da leben zwei Millionen Ungarn auf rumänischem Boden, außerdem wohnt eine halbe Million Ungarn auf slowakischem Boden und eine halbe Million auf serbischem Boden in der Woywodina. Ob das gutgeht? Und wie lange geht das gut? Und was wären im Falle der NATO-Mitgliedschaft unsere Pflichten? Wir wissen noch nicht einmal, was unsere moralischen Pflichten in Bosnien sind.

Eberhard Jäckel:

Jetzt sagen Sie, Sie wissen es nicht. Ganz gewiß, vieles kann man nicht wissen. Aber Sie machen doch eine langfristige Voraussage, indem Sie sagen, Sie können sich vorstellen, daß dieser russische Generalstabsmajor versuchen wird, die Situation, die nach dem Verfall des sowjetischen Imperiums eingetreten ist, rückgängig zu machen. Nun ist doch nur die Frage: Kann man sich darauf nicht einstellen? Was werden wir tun, wenn die Russen mit Gewalt versuchen werden, etwa die Lage hinsichtlich der baltischen Staaten zu redressieren? Sollen wir uns denn erst in dem Augenblick, in dem es geschieht, überlegen, wie wir darauf reagieren?

Helmut Schmidt:

Ein anderes Beispiel: Wenn ein israelischer Siedler gestern

betende Palästinenser erschießt, wenn daraufhin die Palästinenser Arafat zwingen sollten, die Gespräche abzubrechen, wer hat dann die Schuld? Wen setzen wir unter Druck? Herrn Arafat oder Herrn Rabin? Das weiß man doch alles gar nicht im Vorwege. Wie kann man dafür planen?

Planung und Führungskraft

Edzard Reuter:

Ich habe diese Diskussion eben mit größtem Interesse verfolgt, weil sie auf den Punkt führt: Nämlich der Bogen von dem Thema, warum hat man keine Schubladenpläne gehabt für die Probleme der deutschen Vereinigung, bis hin zu dieser jetzt weltpolitischen Thematik. Wie kann man sich vorbereiten, um es einmal vorsichtig zu formulieren? Es ist aber etwas vollkommen anderes, sich auf ein konkretes Problem vorzubereiten – eben die deutsche Wiedervereinigung –, als weltgeschichtliche Entwicklungen vorauszuahnen. Die einzelnen Schritte, die für die Vereinigung getan werden müßten, die kann man vorausplanen. Die Entscheidung, was man tut, hängt letzten Endes von der Fähigkeit der jeweiligen politischen Führung ab, in Kenntnis solcher Überlegungen zu reagieren. Denn selbstverständlich hätten sie vorher nach diesen Schubladenplänen fragen müssen. Und dann, ich bin ganz sicher, wäre nicht nur die Arbeit von Helmut Schmidt aus der Schublade gezogen worden, oder von irgendeinem Ratgeber X, sondern selbstverständlich wäre auch der Nationalökonomieprofessor Y gekommen, der genau das Gegenteil gesagt hätte, etwa: Überlaßt das alles dem Markt, der regelt das schon.

Letzten Endes kommt es in einer solchen Situation, wenn sie denn eintritt, doch wohl vor allem auf die Qualifikation der politischen Führung an, nämlich angesichts von verschiedenen denkbaren Möglichkeiten und Wegen eine verantwortliche Entscheidung zu treffen und sie dann auch durchzuführen. Da nützen alle Schubladen zum Schluß nichts. Das, was Helmut Schmidt jetzt dargelegt hat an seinen Beispielen, zeigt das ja ganz dramatisch. Je weiter es in die Zukunft geht – und die Zukunft kommt schnell –, desto schwieriger wird es, weil uns allein schon die Kenntnis der Zusammenhänge fehlt und fehlen muß. Das ist nicht ein Manko unserer Fähigkeiten, Informationen zu kumulieren und in den Computer zu speichern, dieses ist Teil des Systems, in dem die Menschheit lebt. Es gibt zu viele Einzelfaktoren mit zu zahlreichen unterschiedlichen Wirkgraden, Wirkungsmechanismen, die von jeweiligen Zeitpunkten, von handelnden Personen abhängig sind. Diejenigen, die schließlich verantwortlich sind, müssen eine Vorstellung dessen haben, was sie wollen, wohin sie wollen. Denn wenn der Augenblick des Handelns gekommen ist, dann sieht es meistens ganz anders aus, als die Planungsstäbe vorher gedacht haben. In der sich immer mehr globalisierenden Wirtschaft ist das keinen Deut anders.

Moral als Richtschnur?

Helmut Schmidt:
Aber selbst wenn die Planungsstäbe Ihnen dreizehn Pläne für dreizehn Szenarien in die Schubladen gepackt haben, bleibt es immer noch ein Problem des Handelnden, zu entscheiden, welches der Szenarien liegt denn nun wirklich vor? Oder welchem Szenario kommt die heutige Wirklichkeit am nächsten? Seine Urteilskraft bleibt von absolut überragender Bedeutung. Es gibt aber eine Konstante, das habe ich immer für mich gedacht, das sind die moralischen oder ethischen

Grundüberzeugungen, die man nicht verletzten darf, deren man sich immer bewußt sein muß. Aber auch die können einen in Konflikte führen. Zum Beispiel kann ich aus moralischer Grundüberzeugung der Meinung sein, die Schlächterei an den bosnischen Moslems muß aufhören. Und dann kann ich gleichzeitig zu dem Ergebnis kommen, ich kann da nur Frieden schaffen, wenn ich einhundertfünfzigtausend Soldaten auf Dauer dort stationiere und ein entsprechendes Regime einrichte. Kann ich das moralisch vertreten? Kann ich das vor meinem eigenen Volk verantworten, als Amerikaner, als Franzose, als Deutscher? Insbesondere auch noch verantworten, wenn jede Woche dann Zinksärge kommen mit den Leichen der eigenen Soldaten, und dann vielleicht dreihundert auf einmal? Oder nehmen Sie den Fall des deutschen Terrorismus. Meine moralische Überzeugung war, daß man diese Verächter des Gesetzes nicht davonkommen lassen darf. Aber ich will Ihnen sagen, wenn das in Mogadischu 1977 schiefgegangen wäre, mit neunzig Toten, so wäre ich am nächsten Tag zurückgetreten, weil meine eigene moralische Überzeugung neunzig Menschen in eine tödliche Katastrophe geführt haben würde. Selbst die Konstante der eigenen Moral ist in Wirklichkeit keineswegs ein zuverlässiger Maßstab.

Edzard Reuter:
Vielleicht ist dies ein Kernelement, wo es dann doch darum geht, aus der Geschichte zu lernen. Nämlich die Begründetheit solcher moralischer Konstanten. Die kommen ja nicht nur aus einem eingeborenen Gewissen. Die kommen ja auch aus dem Unbewußten, aus dem, was man im Verlauf seines Lebens gelernt hat.

Eberhard Jäckel:
Sie wollen doch nicht sagen, daß der politische Prozeß überhaupt nicht steuerbar, sondern gesteuert ist?

Wir leben in einer Fernsehgesellschaft

Helmut Schmidt:

Ich will nicht sagen, er sei nicht steuerbar. Aber er ist viel weniger leicht zu steuern, als durch einen Planungsstab oder dreizehn Planungsstäbe zusammen. Es spielt heute ein anderes neues Phänomen eine Rolle, welches die Historiker natürlich weniger im Blick haben, weil es aus der Vergangenheit nicht gelernt werden kann. Das ist der enorme Unterschied zwischen einer lesenden Gesellschaft und einer Fernsehgesellschaft. Wir leben heute in einer Fernsehgesellschaft. Die Deutschen sitzen pro Tag im Durchschnitt drei bis vier Stunden vor der Glotze, beziehen ihre Informationen aus der Glotze und denken, das sei die Wirklichkeit, was sie mit eigenen Augen gesehen und mit eigenen Ohren gehört haben. Und daraus ziehen sie ihre Schlußfolgerungen. Das ist etwas ganz anderes als zu Zeiten der Weimarer Republik. Damals lasen die Leute, auf die es ankam, Bücher und Zeitungen und daraus bildeten sie sich ihre Meinung. Heutzutage bildet irgendein Schnösel, der Talkshows leitet, die öffentliche Meinung. Er selbst hat keine Ahnung, aber er reduziert tatsächlich die Steuerbarkeit des demokratischen Prozesses in großen politischen Entscheidungsfragen. Das ist etwas, was wir nie vorher erlebt haben.

Und wie wird der Einfluß des Fernsehens morgen sein? Jeder wird einen Kabelanschluß haben und kann hundert Kanäle empfangen. Und wenn die Familie vier Köpfe hat, zwei Eltern und zwei Kinder, dann hat sie drei Fernsehgeräte, nämlich eines für die Eltern und zwei für die Kinder. Sie können gar nicht mehr miteinander darüber reden, weil jeder etwas ganz anderes gesehen hat. Und die reden auch deshalb nicht mehr miteinander, weil sie dafür keine Zeit mehr haben, weil ja jeder vier Stunden vor dem Fernseher sitzt. Und weil die jungen Leute in dem prägenden Alter, sagen wir vom achten Lebensjahr bis zum siebzehnten, achttausend Morde konsumiert haben und Totschlägereien und Vergewaltigungen, deshalb glauben sie, so sei das Leben und so sei die Welt! So sei das Leben, wie es wirklich ist! Wie kann in solch einer Fernsehgesellschaft öffentliche Meinungsbildung politisch steuerbar sein? Da befehlen Sie mal Ihre Planungsstäbe an die Arbeit, um herauszufinden, wie denn eigentlich eine demokratische Fernsehgesellschaft steuerbar gemacht wird.

Re-education für Osteuropa?

Eberhard Jäckel:
Sie sind zu bescheiden, wenn Sie immer wieder sagen, das könnten Sie nicht wissen. In Wirklichkeit geht aus dem, was Sie sagen, hervor, daß Sie sich unentwegt vorstellen, was in Zukunft sein könnte und wie man darauf reagieren soll.
Ich will noch einmal auf einen Punkt kommen, in dem ich Ihnen allerdings widersprechen möchte. Sie haben in einem früheren Teil unseres Gespräches gesagt, die Russen würden sich nicht wesentlich ändern, und die Vorstellung, die Demokratie bis nach Wladiwostok zu exportieren, sei abwegig. Als Historiker habe ich dabei gedacht, daß westliche Politiker nach 1918 oder nach 1945 gesagt haben könnten, die Deutschen oder auch die Japaner würden sich nicht wesentlich ändern, und die Vorstellung, die Demokratie bis nach Potsdam oder nach Fukuoka-Hakata zu exportieren, sei abwegig. Die Erfahrung aber hat gezeigt, daß eine solche Prognose falsch war. Die demokratische Re-education war außerordentlich erfolgreich. Sie mag in Rußland schwieriger sein. Aber sollte man nicht vielleicht doch

etwas optimistischer sein? Könnte man nicht aus der Geschichte lernen, daß jetzt das getan werden sollte, was die Amerikaner nach 1945 getan haben? Sie haben damals zukünftige deutsche Führungskräfte mit Stipendien des Fulbright-Programms zu sich eingeladen. Ich selbst bin ein solcher Fall, ich war 1952/53 als Student in Amerika, und das ist nicht ohne Wirkung geblieben. Daher meine Frage: Könnte und sollte die Bundesrepublik Deutschland nicht ein großzügiges Stipendienprogramm für potentielle zukünftige Führungskräfte aus den östlichen Ländern aufziehen und sie für eine kürzere oder auch längere Zeit hierher holen? Wäre das nicht eine Strategie, die aus der Vergangenheit lernt und der Zukunft dient?

Edzard Reuter:
Das geschieht ja schon massenweise. Beispielsweise auch in unserem eigenen Unternehmen. Wir holen russische Nachwuchskräfte zu uns und haben das auch mit Polen und anderen Nationalitäten gemacht. Aus meiner Sicht ist das Problem, was Sie hier schildern, natürlich nicht so, daß wir vermessen genug sein dürften zu sagen, also wir, geboren in der Tradition der europäischen Aufklärung, wir hatten durchaus noch die Fähigkeiten, Demokraten zu werden. Aber andere, die in anderen Kulturen und Traditionen aufgewachsen sind, haben diese Fähigkeiten grundsätzlich nicht. Ich lasse einmal offen, ob die Formen der Demokratie, die wir bei uns entwickelt haben, naturnotwendig für alle Menschen Gültigkeit haben und an allen Ecken der Erde gleich sein müssen. Aber so arrogant zu sein, zu sagen, das könnten die nicht, auf die Idee kommt niemand. Ich bin sicher, auch Helmut Schmidt nicht.
Die Frage ist ja bloß, wie geht ein solcher Prozeß vonstatten. Und hier gibt es nun sicherlich eine große Frage. Sie lautet, ob man das tun kann, indem man mit dem Finger schnalzend

sagt: Von heute ab gilt bei euch volle Demokratie und Marktwirtschaft? Müssen wir nicht aus unserem eigenen Interesse heraus vorsichtig und skeptisch sein und versuchen, zwar Prozesse zu fördern, aber nicht allumfassend den Wunsch haben, die ganze Welt zu verbessern? Ein unternehmerischer Ansatz, das zu tun, ist natürlich zugleich auch ein Interessenansatz. Selbstverständlich haben wir Interesse an der Russischen Republik, denn das kann eines Tages ein enormer, interessanter Markt werden. Also liegt es durchaus in unserem eigenen Interesse, dazu beizutragen. Doch gleichzeitig wäre es völlig unvertretbar, daß eine verantwortliche Unternehmensführung, die schließlich das Geld und die Arbeitsplätze Dritter zu verantworten hat, nun in übertriebener Euphorie nach vorne prescht und sagt, wir investieren jetzt wie die Verrückten, weil es da eines Tages neue Märkte geben könnte. Nein, wir werden sehr, sehr vorsichtig sein und Schritt für Schritt uns ansehen müssen, wie sich die Dinge entwickeln, wie sich die Märkte entwickeln, unser Pulver trocken halten und trotzdem unseren Beitrag zu leisten versuchen, vernünftige Entwicklungen zu erreichen. Gewiß, das kann von einer klaren Vorstellung ausgehen, wohin die Richtung gehen sollte. Aber es ist alles andere als ein großartiger Masterplan, der allumfassend die Frage beantwortet, wie die Entwicklung einer solchen Region eigentlich eines Tages aussehen wird.

Helmut Schmidt:
Ich glaube, daß die Parallele zwischen der gegenwärtigen Lage in Rußland und den Wirklichkeiten der Entwicklung über die nächsten paar Generationen nicht verglichen werden kann mit der Lage Deutschlands nach 1945. Es sind zwei sehr verschiedene Situationen. Deutschland war total besiegt und kam zur Erkenntnis, daß es Hunderttausende Deutscher gegeben

hatte, die für den Krieg ein bißchen oder ein bißchen mehr Mitverantwortung getragen hatten, und daß es Tausende Deutscher gegeben hatte, die sich schlimmer Verbrechen schuldig gemacht hatten. Das ist das eine. Wir waren völlig am Boden. Und zwar von außen. Wir hatten den Krieg provoziert. Zweitens waren wir auf der anderen Seite zum Beispiel in der Rechtskultur unserer älteren Juristen durchaus Bestandteil der westlichen Rechtskultur. Das sind die Russen niemals gewesen. Es hat auch in Rußland niemals eine Aufklärung gegeben. Es hat auch in Rußland niemals die Entwicklung einer unternehmerischen Klasse gegeben – mit den Ausnahmen, die die Regel bestätigen: im Donez-Becken, in Moskau und in St. Petersburg. Die Russen waren Teil der literarischen Kultur Europas, sie waren Teil der musikalischen Tradition Europas, aber sehr viel weniger schon bei den bildenden Künsten. Wenngleich jeder von uns Chagall als zugehörig zur eigenen Kultur empfindet, genauso wie Tolstoi oder wie Turgenjew oder wie Leskow oder Dostojewski. Aber Dostojewski ist ein interessanter Punkt. Dostojewski oder heute Solschenizyn – das sind dieselben Typen, sie sind innerlich tief davon überzeugt, daß Rußland nicht »verwestlicht« werden darf. Es gibt in jenem Volk ganz tief sitzende, von der dortigen Geschichte geprägte Faktoren und Menschen mit Autorität, wie Dostojewski sie hatte in seinem Streit mit Turgenjew oder wie Solschenizyn sie heutzutage hat, mit Autorität ausgestattete, vor allem als autorisiert empfundene Menschen, die das überhaupt nicht wollen, was wir ihnen sagen könnten und die trotzdem nicht ausschließen, daß sie in drei, vier Generationen irgendeine Form von Demokratie in Rußland zustande bringen. Diese werden wir alle drei aber nicht mehr erleben, sie ist noch ganz weit weg.

Eberhard Jäckel:

Das ist doch kein Grund, daß wir jetzt nicht darüber nachdenken. In Deutschland hat es in der Romantik auch eine
solche antiwestliche Tradition gegeben, und dann ist sie
zurückgegangen.

Helmut Schmidt:

Aber nun komme ich zur zweiten Hälfte. »Wir« – das sind
doch offenbar wir Deutschen. Wenn Sie gesagt hätten »Wir,
der Westen«, soll darüber nachdenken, dann bin ich schon ein
bißchen freundlicher gestimmt. Aber wir, die Deutschen, wir
als Missionare der Demokratie und der Aufklärung, ausgerechnet wir? Da habe ich meine Minderwertigkeitskomplexe
angesichts der deutschen Geschichte in diesem Jahrhundert.
Da bin ich, wie ich anfangs schon erwähnte, sehr zögerlich und
sehr zurückhaltend.

Wissen Sie, die Europäer haben ja schon mehrfach Kreuzzüge
unternommen. Einschließlich sogar eines Kinderkreuzzuges.
Die konnten noch kaum ein richtiges Schwert tragen, die
mußten ein verkleinertes Schwert tragen, für Kinder zurecht-
geschnitten. Um die Moslems aus dem Heiligen Land zu
vertreiben. Mit dem Kreuz in der linken Hand und dem
Schwert in der rechten. Das ist das, was sich manche Leute in
Amerika während des kalten Krieges gegen den Kommunismus vorgestellt haben: daß sie *human rights and democracy*
nach Rußland zu tragen haben. Damals hieß es nicht Rußland,
sondern Sowjetunion – und natürlich war dazu auch das
Schwert notwendig. Ich bin da sehr zurückhaltend. Ich habe
immer mit dem amerikanischen Präsidenten Jimmy Carter
darüber gestritten, der *human rights* in die ganze Welt exportieren wollte. Ich habe zu ihm gesagt, die Kastengesellschaft in
Indien, die schaffen Sie nicht ab, und niemand von uns schafft

die ab. Und den Konfuzianismus, der viertausend Jahre Tradition hat, in China oder in Japan abzuschaffen, das schaffen wir auch nicht. Davon sollten wir auch die Finger lassen; denn woher nehmen wir eigentlich die Gewißheit, daß durch unsere sogenannten christlichen Grundüberzeugungen, garniert mit Demokratie, die Menschheit selig wird? Ich bin da sehr skeptisch.

Zurückhaltung ist gefragt

Eberhard Jäckel:
Sie beide überspitzen und verzerren das, was ich will. Herr Reuter hat vorhin gesagt: kein Masterplan. Aber den Ausdruck habe ich nie verwendet. Und Sie, Herr Schmidt, haben gesagt, wir sollten nicht als Missionare auftreten und einen Kreuzzug führen. Auch das habe ich weder gesagt noch gemeint. Darum geht es nicht. Aber war es denn falsch, daß Senator Fulbright 1945 sagte: Wir haben da *surplus-materiel* vom Kriege, das werden wir nicht nach Hause schaffen, sondern es verkaufen, und davon werden wir jungen Deutschen ein Stipendium geben? Damals hat man auch gesagt, das sei ein bißchen missionarisch von den Amerikanern. Aber im Grunde war es eine glänzende Idee. Und mir scheint, man könnte sie wiederholen, etwa in bezug auf Rußland und andere osteuropäische Länder. In bezug auf Indien tun wir das übrigens schon seit langem, und das heißt doch nicht, daß wir das indische Kastensystem mit einem Handstreich beseitigen wollten. Es heißt nur, daß wir etwas tun für Aufklärung, für Demokratie, für freie Marktwirtschaft. Wir sagen den Leuten nur: Seht euch um, so könntet ihr es bei euch auch machen. Wir lassen euch aber natürlich die Freiheit, es zu tun oder zu lassen. Das sind, wie mir scheint, erfolgversprechende langfri-

stige Strategien, die sich aus Erfahrungen der Vergangenheit nähren.

Helmut Schmidt:

Ich bleibe bei meiner Zurückhaltung. Ich halte die Demokratisierung der einhundertsechzig, einhundertsiebzig Millionen Russen für ein minores Problem, wenn ich es vergleiche mit einem anderen Problem von quantitativ sieben mal größerem Ausmaß. Das ist das fast völlige Unverständnis des Westens gegenüber dem Islam. Es gibt beinahe eine Milliarde Moslems auf der Welt, aber wir haben keine Ahnung von ihnen. Ein paar wenige Ausnahmen gibt es, Islamisten an den Universitäten und noch ein paar andere. Aber insgesamt haben wir keine Ahnung; wir tun den Islam in einen Topf mit dem islamischen Fundamentalismus, den wir aus Palästina oder aus Libyen kennen. Und wir lehnen es auch ab, den Islam kennenzulernen. Dies wird ein größeres Problem werden für uns als die Russen.

Und was hat vorhin Edzard Reuter gesagt über die ökologischen, ökonomischen Zusammenhänge der Welt? Die sind ja nur zu einem Teil Folge der relativ unbesorgten, naiven Industrialisierung. Zu einem größeren Teil entsteht die ökologische Gefährdung aus der Explosion der Weltbevölkerung. Am Anfang dieses Jahrhunderts gab es 1,6 Milliarden Menschen auf der Welt, und am Ende dieses Jahrhunderts, heute in fünf, sechs Jahren, werden es über 6 Milliarden Menschen sein. Fast ein Vervierfachung in einem einzigen Jahrhundert! Was ich damit sagen will, ist dieses: Es gibt viele große Probleme auf der Welt – und nicht bloß Rußland. Und nicht bloß Deutschland. Und auch wenn achtzig Millionen Deutsche viel Menschen sind, so sind wir gleichwohl immer nur 1,3 Prozent der Weltbevölkerung, wir dürfen uns auch nicht zuviel vornehmen! Wir hatten uns ja reichlich viel vorgenommen 1933, das ist alles schiefgegangen, auch 1914 hatten wir uns viel vorgenommen, alles schiefgegangen. Deswegen würde ich nicht zu viel Gewicht legen auf das, was die Deutschen tun müssen gegenüber den Problemen in der Welt, und sei es nur gegenüber den Problemen in Rußland. Wenn die Europäische Union handlungsfähig sein würde in der Zukunft, so würde ich ihr schon eher solche Aufgaben zumuten wollen. Aber ob sie handlungsfähig werden wird, das ist ja noch gar nicht gewiß. Ich bin besorgt, wenn ich sehe, wie die Amerikaner sich alles mögliche zumuten. Das geht zum Teil mit einer erstaunlichen Naivität vor sich. Und mit einem ihnen selbst verborgen bleibenden, unbewußt bleibenden nationalen Superioritätskomplex. Die Legitimation reicht einfach nicht so weit, um den Menschen, die in den früheren Kolonien, so auch in Somalia, zusammengepfercht worden sind, durch die Kolonialmächte beizubringen, daß sie eine Nation zu sein haben und daß sie Bürgerkriege gefälligst zu unterlassen haben. Die Amerikaner haben vor zwei Jahren noch das, was in Jugoslawien stattfand, als Bürgerkrieg empfunden. Sie haben nicht begriffen, daß das kein Bürgerkrieg ist, sondern ein Krieg zwischen Nationalitäten und Nationen. Sie wissen auch heute noch nicht, daß die Kroaten und die Serben zwar miteinander reden, aber nicht gegenseitig ihre Zeitungen lesen können.

Ist Deutschland reformierbar?

Eberhard Jäckel:

Das Thema unseres Buches soll lauten: Was wird aus Deutschland? Darüber sollten wir noch etwas mehr reden. Wenn ich böse wäre, dann würde ich sagen: Das ist auch typisch deutsch, daß Sie immer von den Problemen der anderen reden und nicht von den eigenen. Aber das nehme ich sofort wieder zurück.

Helmut Schmidt:

Ich haben von den Problemen der anderen geredet, um zu sagen, wir sollen uns nicht alle Probleme gleichzeitig aufladen. Nicht auch noch uns Deutschen die russischen Probleme.

Edzard Reuter:

Aber genau da liegt ja heute das Dilemma. Wir können uns als Deutsche gar nicht alles aufladen, und trotzdem kommen wir gar nicht umhin, diese Probleme zu kennen, sie zur Kenntnis zu nehmen. Wir müssen nämlich wissen, daß diese Probleme jeden Tag Rückschläge auf unseren eigenen Kontext haben können.

Zusammenwachsen Deutschlands: Kein Problem?

Eberhard Jäckel:

Wir stellen uns die Frage, wie Deutschland nach der Vereinigung aussehen wird und aussehen soll. Etwas provozierend will ich behaupten, ein sehr großes Problem könne das

Zusammenwachsen doch eigentlich nicht sein. Denn was ist geschehen? Fünfzehn oder sechzehn Millionen Menschen sind zu etwa fünfundsechzig hinzugekommen. Es war wirklich ein Beitritt und eigentlich keine Vereinigung. Die Institutionen sind geblieben. Der Bundespräsident, der Bundeskanzler, die Bundesverfassung – all das ist geblieben. Die verhältnismäßig kleine Gruppe der Beigetretenen zu integrieren, kann eigentlich kein sehr großes Problem sein. Die Ausgangsfrage könnte also sein: Wird Deutschland danach die um das Beitrittsgebiet erweiterte alte Bundesrepublik Deutschland sein? Aber dann stellt sich die Frage, die immer meine Hauptfrage war: Was wird aus diesem vereinigten und für mein Gefühl übergewichtigen Gesamtdeutschland im europäischen Konzert?

Helmut Schmidt:
Die einzige Parallele, die mir einfällt, ist der Amerikanische Bürgerkrieg. Nicht aus der Sicht der Leute, die in Boston wohnten, sondern aus der Sicht der Leute, die in Virginia wohnten und noch weiter im Süden, hat die seelische Vereinigung lange gedauert und ist in Wirklichkeit noch heute nicht ganz erreicht. Die Verschiedenartigkeit der Mentalität zwischen Süden einerseits und dem Rest der USA ist nach wie vor im Bewußtsein vieler, vieler Menschen vorhanden.

Eberhard Jäckel:
Das ist richtig. Aber die Einwände müssen sogleich sein: Der Süden und der Norden waren ungefähr gleich groß, und sie hatten einen zerfleischenden, einen außerordentlich verlustreichen Krieg gegeneinander geführt. Dafür gibt es in der deutschen Entwicklung keine Analogie. Und es gab in Amerika fundamentale Auffassungsunterschiede zwischen dem agrarischen, sklavenhaltenden Süden und dem industrialisierten, nicht auf Sklaven angewiesenen Norden. So etwas gab und

gibt es bei uns auch nicht. Bei uns war es doch einfach so, daß ein Teil Deutschlands, nämlich die einstige sowjetische Besatzungszone, unter eine Fremdherrschaft gefallen war.

Edzard Reuter:

Man kann – um Ihre Parallele vielleicht doch noch etwas zu vertiefen – natürlich davon ausgehen, daß jedenfalls die wirtschaftliche Entwicklung beider Teile der Vereinigten Staaten zunächst einmal sehr unterschiedlich gelaufen ist. Daß inzwischen Texas auch ein reicher Staat geworden ist, ist eine andere Frage. Natürlich herrscht in Yankee-Bereichen – im Norden und im Osten der Vereinigten Staaten – die große industrielle Kraft, während der Süden für lange Zeit agrarisch geblieben ist. Könnte es diese Probleme innerhalb Deutschlands, ob groß oder klein oder größer oder kleiner, vielleicht eines Tages auch geben? Denn der eine Teil Deutschlands, nämlich Westdeutschland, ist Träger der wirtschaftlichen Stärke, und der andere Teil Deutschlands, der vereint – um nicht zu sagen: vereinnahmt – worden ist, hat von der wirtschaftlichen Basis her eine völlig andere Struktur. Es ist ein sehr wesentlich auf Dienstleistungen ausgerichtetes Gebiet ohne eigene industrielle Arbeitsplätze in nennenswertem Umfang. Es kann schon sein, daß es da auch weiterhin Spannungen geben wird. Trotzdem bin ich sehr optimistisch. Auch ich weiß nicht, wie lange das alles dauern wird. Ich bin durchaus der Meinung, auch ausgehend von der Welle von neuem Aufbruchswillen, den es durchaus in Teilen der deutschen Gesellschaft gibt, insbesondere in der jungen Generation, daß das Ganze zum Schluß so hinauskommen wird, wie Eberhard Jäckel es geschildert hat. Es wird natürlich ein Zusammenwachsen der beiden Teile Deutschlands geben – auch psychologischer Natur. Was allerdings nicht ausschließt, daß die altbekannten Spannungen innerhalb Deutschlands andauern könnten. Früher hat es auch Spannungen zwischen den Schwaben und den Hanseaten oder den Bayern gegeben. Also warum das bitte nicht auch in Zukunft?

Das Problem liegt – ich habe es oben schon erwähnt – eher darin, daß die westdeutschen Landsleute den eingetretenen fundamentalen Wandel noch nicht wirklich verstanden haben. Es geht darum, daß die Zeiten des selbstverständlichen Wachstums und der selbstverständlichen Wohlstandszunahme und der leichten Rolle in der Welt, die wir bislang gespielt haben, vorbei sind. Leichte Rolle in der Welt: will sagen, daß uns in Wirklichkeit viel Verantwortung, viele Entscheidungen abgenommen worden sind. Ich rede nicht von der politischen Führung. Ich rede von dem Bürger auf der Straße, der das so empfunden hat. Alles lief ja eigentlich wie von selbst. Und daß es aus der unvermeidlichen Erkenntnis, wonach diese Zeiten endgültig vorbei sind, bei den westdeutschen Bürgern Probleme geben kann, die sie dann auf die dazugekommenen ostdeutschen Landsleute projizieren, das kann ich mir schon vorstellen. Aber daß daraus letzten Endes die Gefahr eines deutschen Sonderweges erwachsen könnte, das kann ich – wie gesagt – nicht so sehen.

Schöne, alte Zeiten: Passé

Helmut Schmidt:

Ich habe ein bißchen Sorge davor, daß wir auf absehbarer Zeit einen großen Abstand haben werden im durchschnittlichen realen Pro-Kopf-Einkommen, im Westen auf der einen Seite und im Osten auf der anderen. Vielleicht im Osten mit Ausnahme der größten Teile Sachsens und der vereinigten Stadt Berlin. Aber hinsichtlich der Realeinkommen in Mecklenburg und Vorpommern, in Sachsen-Anhalt, in Brandenburg bis hin nach Cottbus, da bin ich besorgt. Wenn das nochmal fünf Jahre so weitergeht wie die letzten vier Jahre, dann sind dort inzwischen die Strukturen so verfestigt, daß ich deswegen Sorge habe. Die Deutschen haben letztendlich unter den Nazis schrecklich gelitten, aber sie waren zunächst einmal durchaus zum großen Teil bereit, auf die Moral des Grundsatzes ›Gemeinnutz geht vor Eigennutz‹ einzugehen. Der Satz ist ja auch an sich nicht ganz schlecht, allerdings wurde er dann von den Nazis millionenfach mißbraucht. Aber nach 1948 hat sich in Westdeutschland der umgekehrte Grundsatz unbewußt eingenistet: Mein eigener Nutzen geht vor dem Nutzen von Gesellschaft und Staat. Und da sagt Edzard Reuter, das müsse nun eigentlich zu Ende sein. Ist es aber nicht!

Edzard Reuter:
Da stimme ich Ihnen ja zu. Damit wird es Probleme geben. Nur wird es unausweichlich sein, endlich zu kapieren, daß die schönen alten Zeiten nicht wiederkehren. Das hat nämlich nichts mit der Wiedervereinigung, wohl aber sehr viel mit der Globalisierung des weltweiten Wettbewerbs zu tun, dem wir, ob wir es wollten oder nicht, nicht entrinnen können.

Eberhard Jäckel:
Diese regionalen Unterschiede wären einerseits nicht ganz neu in der deutschen Geschichte. Wenn man von den gegenwärtigen Ländern ausgeht, dann war das heutige Gebiet von Nordrhein-Westfalen und von Baden-Württemberg auch in früheren Zeiten der deutschen Geschichte stärker industrialisiert als der agrarische Osten. Andererseits frage ich mich, ob es nicht auch sein kann, daß, weil in den neuen Bundesländern bei Null beginnend wieder aufgebaut werden muß, dort eine neue Volkswirtschaft entstehen kann, die möglicherweise der

westdeutschen einmal gleich oder gar überlegen sein wird. So ähnlich wie nach 1945 die westdeutsche Wirtschaft der britischen und auch der französischen überlegen war.

Helmut Schmidt:
Es gibt ein großes Hemmnis dagegen. Das liegt in der Tatsache, daß es fast überhaupt keinen ostdeutschen Betrieb gibt, der nicht westdeutschen Firmen gehört, daß die Führung der ostdeutschen Industrie weitestgehend in den Händen westdeutscher Konzerne liegt. Die Zahl der von Ostdeutschen zustande gebrachten Neugründungen ist im Verhältnis dazu sehr klein. Leider, leider sehr klein! Sie haben recht, es hatte auch früher agrarische Provinzen gegeben – in Preußen insbesondere. Mecklenburg hat auch dazugehört. Und es hat reichere Teile des alten Deutschen Reichs gegeben, zu denen übrigens damals die Hansestädte gehört haben, obschon sie relativ wenig Industrie hatten. Sie haben im wesentlichen vom Überseehandel und von der Schiffahrt gelebt, heute sagt man Dienstleistungen, und haben ganz schön dabei verdient. Der Wohlstand der Hafenarbeiter in Hamburg war sicherlich sehr viel höher als der Wohlstand der Landarbeiter in Ostpreußen, in Westpreußen oder in Posen. Aber nennen Sie mir eine einzige ostdeutsche Firma, wo wir heute die Hoffnung haben dürfen, daß sie aus eigener Kraft in der Qualität, in der Produktivität und im realen Einkommen der dort beschäftigten Menschen auf zum Beispiel Stuttgarter Standard kommen könnte. Es wird Ihnen kaum eine einfallen. Das macht mir am meisten Besorgnis. Eine andere Beschwerde ist: Der Appell an die Bereitschaft der Westdeutschen, etwas herzugeben, der ist nicht geschehen, und jetzt ist der Zeitpunkt dafür beinahe schon endgültig verpaßt.

Die Stimmung im Osten

Eberhard Jäckel:

Ergeben sich Ihrer Ansicht nach daraus Risiken für die Institutionen, für die demokratische Ordnung?

Helmut Schmidt:

Die ergeben sich nicht nur für die Institutionen, sondern zunächst schon für die politische Stimmung. Nehmen Sie den Fall, daß der Bundeskanzler gemeint hat, der Bundespräsident solle aus dem Osten kommen. Damit ist er im Westen nicht gelandet, auch nicht in seiner eigenen Partei, und dann hat er den Versuch aufgegeben. Oder nehmen Sie als zweites Beispiel, daß das Verfassungsgericht in Karlsruhe keinen einzigen Richter aus dem Osten hat. Oder nehmen Sie den dritten Fall, daß von den sechshundert Figuren im Bundestag – viel zu viel notabene –, daß von den herausragenden Figuren, die man kennt, von denen man beeindruckt ist, kaum einer aus dem Osten dabei ist. Sie können jetzt sagen, Herr Jäckel, das alles werde sich aber mit der Zeit entwickeln. Das hoffe ich auch, daß sich das entwickeln wird! Nur der Start für die armen Kerle aus dem Osten, der ist sehr schwierig. Und die seelische Hilfe, die man ihnen gibt, die ist nicht sehr groß.

Eberhard Jäckel:

Ich hatte nach Umfragen, aber ganz persönlicher Art, bei den Ostdeutschen den Eindruck, daß sie an einem ostdeutschen Bundespräsidenten gar nicht sonderlich interessiert sind.

Helmut Schmidt:

Das ist etwas anderes.

Eberhard Jäckel:

Daß sie ganz zufrieden waren, daß die Politik eine Zeitlang von den Westdeutschen gemacht wird, denen sie beigetreten sind, freiwillig beigetreten sind. Und daß es noch keine ostdeutschen Bundesverfassungsrichter gibt, erscheint mir ebenso selbstverständlich wie die Tatsache, daß es sie in einigen Jahren geben wird. In Leipzig und in Halle studieren Juristen, einige davon werden durchschnittlich sein, andere werden gut sein.

Helmut Schmidt:
Die heute studieren, werden frühestens in fünfundzwanzig, wahrscheinlich eher in fünfunddreißig Jahren Verfassungsrichter sein. Ich will Ihnen ein anderes Beispiel schildern: Im Senat der Max-Planck-Gesellschaft, das liegt jetzt zwei oder drei Jahre zurück, wurde der Präsident gefragt, was denn nun die Max-Planck-Gesellschaft im Osten Deutschlands tun würde. Und es stellte sich heraus, für meine Augen und Urteilskraft, nichts würde sie tun. Dann habe ich in der mir eigenen intransigenten Sprache verlangt, daß etwas geschehe. Daraufhin hat der Präsident der Max-Planck-Gesellschaft gesagt, wenn ich kein zusätzliches Geld kriege, kann ich im Osten nichts machen. Das ist die typische Haltung der in Westdeutschland etablierten Insider. Das gilt auch für die Unternehmenswirtschaft, und es gilt weitgehend auch für die Universitäten.

Eberhard Jäckel:
Über vierzig Prozent aller Lehrstühle und in einigen Fächern bis zu hundert Prozent sind in den Händen von Westdeutschen, und dazu fast alle wichtigeren Beamtenstellen vom Staatssekretär, dem Abteilungsleiter bis herunter zum Regierungsrat.

Helmut Schmidt:
So ist es. Jemand, der im Westen niemals den C3-Professor gekriegt hätte, kriegt natürlich im Osten eine C4-Professur –

mühelos. Aber glauben Sie ja nicht, daß das ohne Auswirkungen bleibt!

Eberhard Jäckel:

Ich frage mich nur, welcher Art diese Auswirkungen sein werden.

Helmut Schmidt:

Unzufriedenheit zunächst und vertiefte Animositäten. Die können sich auch ins Politische auswirken, das ist durchaus denkbar. Ich will das nicht für unabwendbar halten, aber ich kann mir das sehr gut vorstellen. Als ich ein kleiner Junge war, in den zwanziger Jahren, wurden die Animositäten in Hamburg gegenüber den Preußen selbstverständlich gepflegt, gegenüber Altona oder Harburg, das waren in Wirklichkeit Stadtteile von Hamburg. An die Arroganz der Hamburger erinnere ich mich sehr deutlich aus meiner Kindheit; auch in der Schule. Sie ist eigentlich erst durch die Katastrophe des Dritten Reiches kaputtgegangen. Heute spielt sie keine Rolle mehr.

Eberhard Jäckel:

Trotzdem war es schon in der Weimarer Republik so, daß die großen nationalen Parteien überregional waren. Adenauer war bestimmt voll von Ressentiments . . .

Helmut Schmidt:

Das gilt aber nicht fürs Zentrum.

Eberhard Jäckel:

Ich wollte das gerade sagen. Adenauer war gewiß ein Mensch mit mancherlei Ressentiments gegenüber Preußen. Aber politisch engagierte er sich – auch über den preußischen Staatsrat – in der Zentrumspartei, die eine reichsweite Partei war.

Helmut Schmidt:

Das Zentrum spielte in Preußen keine Rolle. Es war eine westdeutsche Partei, war aber für die Weimarer Republik, für die Weimarer Demokratie eine unverzichtbare Größe. Ohne das Zentrum hätte die ganze Weimarer Koalition nicht funktionieren können. Aber das Zentrum hatte kaum eine Basis in Ostpreußen oder in Westpreußen.

Eberhard Jäckel:
In Schlesien, im Ermland, auch in Ostpreußen.

Helmut Schmidt:
Ja, die kleine Tasche des Ermlandes.

Eberhard Jäckel:
Aber ich will jetzt mal andersherum fragen: Wollen Sie sich darauf einstellen oder wollen wir damit rechnen, müssen wir damit rechnen, daß eine regionale Partei der Ostdeutschen, etwa eine Nachfolgepartei wie die PDS, diese Mißstimmung der ostdeutschen Bevölkerung aufnimmt?

Charity begins at home

Helmut Schmidt:
Ich möchte zunächst etwas anderes sagen. Es gibt die verdammte moralische Pflicht und Schuldigkeit ›Charity begins at home‹ und nicht etwa zunächst gegenüber den Entwicklungsländern oder gegenüber Rußland. Wir hier in Westdeutschland haben die verdammte Pflicht und Schuldigkeit, denen in der ehemaligen DDR soviel zu helfen, daß solche Kalamitäten nicht eintreten. Wenn sie dann doch einträten, welches dann die politischen Konsequenzen – zum Beispiel zugunsten der PDS – sind, das ist für mich eine sekundäre Frage. Primär finde ich, müßten wir eine große Anstrengung machen hier im Westen, damit dergleichen nicht passiert.
Wir haben von den Verwaltungsbeamten gesprochen. Das gegenwärtige Verwaltungsrecht mit sämtlichen Einspruchsrechten des Nachbarn, falls Sie ihren Balkon vergrößern, ist so

kompliziert, daß es schon die westdeutschen Kommunalver-
waltungen zum Teil nicht mehr handhaben können. Die
westdeutschen Finanzämter brauchen zum Teil zwei Jahre, um
einen rechtskräftigen Steuerbescheid auszufertigen. Es ist
undenkbar, daß die aus dem Boden gestampften ostdeutschen
Verwaltungen das schnell lernen. Sie können es einigermaßen
lernen, indem sie einen westdeutschen Oberstadtdirektor zum
ostdeutschen Oberbürgermeister ernennen oder einen früheren westdeutschen Katasteramtsrat zum Leiter des neuen
Kataster- und Liegenschaftsamtes in Schwerin machen.
Anders können sie sich kaum helfen. Aber der Mann findet
dann dort an Ort und Stelle Leute vor, denen das alles hekuba
ist. Und das ist ein weiterer Grund für meine Sorge, daß sich
das Gefühl der Inferiorität in großen Teilen des Ostens aus-
breiten wird. Die Inferioritätskomplexe, die sie heute haben,
müssen so stark nicht bleiben, aber es wird möglicherweise
eine allgemeine Inferiorität bestehen bleiben. Ich nehme ausdrücklich diejenigen Teile Ost-Deutschlands mit großer indu-
strieller Tradition aus: Sachsen wird bald auf die Beine kommen und auch deshalb keine Minderwertigkeitskomplexe
behalten. Ostberlin wird auch auf die Beine kommen. Aber
was ist mit den anderen Gebieten?

Eberhard Jäckel:

Im Befund stimme ich ganz mit Ihnen überein. Ich hatte
kürzlich zu tun mit dem staatlichen Hochbauamt in Erfurt und
stellte fest, daß die Geschäfte von dem staatlichen Hochbauamt in Kaiserslautern geleitet werden. Und wenn etwas
wichtiges zu tun ist, fährt der Beamte aus Kaiserslautern nach
Erfurt und sagt denen, wie es gemacht wird. Wir wissen ja
auch alle, daß die einzelnen westdeutschen Bundesländer
nahezu die gesamte Verwaltung der östlichen Bundesländer

übernommen haben, Nordrhein-Westfalen in Brandenburg, Hessen und Rheinland-Pfalz in Thüringen, und diese Fälle kann man fortführen. Meine Frage ist nur, ob diese Mißstimmungen langfristig zu einer Trennung der beiden Teile und zu einer Gefährdung der Institutionen führen werden, oder ob nach mancherlei menschlichem Leid, das räume ich Ihnen ein, eine vollständige Integration möglich wird.

Helmut Schmidt:
Gefährdung der Institutionen? Das weiß ich nicht. Ich würde es nicht total ausschließen.

Eberhard Jäckel:
Werden wir die nach 1945 entstandenen Volksparteien behalten? Werden wir die Einheitsgewerkschaften behalten? Werden Veränderungen eintreten?

Edzard Reuter:
Darf ich an diesem Punkt einhaken und Sie bitten, mir mal zu erklären, was diese Fragen, die Sie eben anschneiden, eigentlich so spezifisch mit der deutschen Vereinigung zu tun haben. Sie haben nämlich nach meiner Einschätzung überhaupt nichts damit zu tun. Die wären – ich wiederhole es – genau so auf uns zugekommen, wenn wir nur die alte Bundesrepublik geblieben wären. Sie hängen nämlich mit einer fundamentalen Änderung der wirtschaftlichen Verhältnisse zusammen, der Wettbewerbsverhältnisse in dieser Welt. Hier findet der Umbruch statt, und der hätte auch ohne die Vereinigung dazu geführt, daß unsere Gewerkschaften, unsere Verbandsstrukturen nicht mehr hätten weiterleben können, wie es bisher der Fall war. Das hat auch seine Auswirkungen auf die alte Idee der Volksparteien, die sozusagen ganze Spektren abdecken und – zumindest in manchen Zeiten – den Eindruck nach außen erweckt haben, als wären sie homogene Einheiten, die

zu politischer Führung fähig sind. Inzwischen ist jeden Tag mehr handgreiflich sichtbar geworden, daß innerhalb dieser Strukturen der Volksparteien mit ihren Fraktionen und ihren Seilschaften eigentlich die Funktionäre das Geschehen bestimmen. Funktionäre, die das als politische Karriereleiter betrachten.

Alles dies war in der Entwicklung ohnehin zu einem Punkt gekommen, daß es unter dem Druck des Wandels in dieser Welt so nicht weitergehen konnte. Sicherlich, zutagegetreten ist es, weil das kommunistische System als antagonistisches System zusammengebrochen ist. Aber am Reifkochen waren diese Probleme auch ohne deutsche Vereinigung. Ich sage es noch einmal: Ich glaube, daß dieses Land insgesamt, ob Bundesrepublik alt oder Bundesrepublik neu, fundamental reformiert werden muß. Dabei bin ich – obwohl ich die von Ihnen erwähnten Gefahren auch sehe – recht zuversichtlich, daß das, was die Integration der Ostdeutschen und der Westdeutschen angeht, letztendlich leichter und eher gelingen wird, als man das aus heutiger Sicht, die natürlich eine Sicht der Krise ist, erkennen kann. Ich bin da auch deswegen ziemlich sicher, weil ich in meinem kleinen Beobachtungsbereich sehe, welch eine Aufbruchstimmung inzwischen existiert, was inzwischen bewegt wird.

Es ist übrigens eine absolute Fehleinschätzung, davon auszugehen, daß in Ostdeutschland eine Wiederkehr der ersten Nachkriegszeit zu erwarten ist. England hat den Krieg gewonnen, hat aber keine zerstörten Fabriken gehabt, hat also mit den alten Schornsteinen weiterarbeiten müssen. Die Deutschen haben nach dem Krieg von Ruinen neu aufgebaut und sind deswegen moderner geworden. In manchen Köpfen steckt nun drin, daß sich dieses in Ostdeutschland wiederholen würde, weil die westdeutsche Industrie und Wirtschaft veraltet sind. Aber genau das ist eben nicht der Fall, denn die ist selbst dabei, sich fundamental zu ändern und zu restrukturieren, weil sie einem völlig neuen Wettbewerbsdruck ausgesetzt ist. Deswegen bin ich fest davon überzeugt, daß es zum Schluß eine gemeinsame Restrukturierung werden wird, die natürlich nicht ausschließt, daß regionale Unterschiede in Deutschland weiterhin existieren werden. Diese liegen selbstverständlich begründet in den unterschiedlichen Traditionen, den Agrarstrukturen auf der einen, den industriellen Strukturen auf der anderen Seite. Auch in den Fähigkeiten der Menschen, auf moderne Dienstleistungen einzugehen. Es ist nun mal so, daß tradierte Bauern sich schwerer tun, Bankangestellte zu werden, als Menschen, die ohnehin in einem lebhaften Umfeld gelebt haben. Sachsen ja – aber bitte, wer nicht sieht, was auch schon in weiten Regionen Thüringens und teilweise in Sachsen-Anhalt im Gange ist, der hat einfach noch nicht genau hingeschaut.

Eberhard Jäckel:
Eben. Ich erwarte ja auch über kurz oder lang, wahrscheinlich über einen etwas längeren Zeitraum, als einige am Anfang angenommen haben, eine vollständige Integration, unter Beibehaltung von einigen kleineren regionalen Unterschieden.
Es gibt noch eine Analogie, Herr Schmidt, und das ist die Abtrennung der drei ostfranzösischen Départments, die wir Elsaß-Lothringen genannt haben, zwischen 1871 und 1918. Sie haben in der Zeit unter der deutschen Herrschaft eine andere Entwicklung als das übrige Frankreich genommen. Sie hatten zum Beispiel keine Trennung von Staat und Kirche, die in dieser Zeit in Frankreich eingeführt wurde. Dann sind sie 1918 gerne Frankreich wieder beigetreten. Aber als die franzö-

sische Regierung ein paar Jahre später alle Gesetze aus der Zeit von 1871 bis 1918 dort einführen wollte, da haben sich die Elsässer gewehrt. Sie haben bis heute nicht die Trennung von Staat und Kirche, es gibt in Straßburg eine theologische Fakultät, auch das Katasterrecht ist heute noch das deutsche. Aber dies zeigt, daß nicht einmal diese Analogie stimmt. Ich sehe in den ostdeutschen Ländern keine Gesetzesvorschrift und keine Institution, an denen die dortige Bevölkerung festhalten will. Deshalb scheint mir die vollständige Integration in Ostdeutschland noch unausweichlicher als in Elsaß-Lothringen.

Helmut Schmidt:
Ich möchte nicht in die Rolle des Pessimisten gedrängt werden. Das bin ich nicht. Ich warne nur vor der Unterschätzung des gegenwärtig in Ostdeutschland angerichteten Schadens. Der seelische Schaden ist enorm, und – ich bitte Sie! – der Bundestag hat nichts Wichtigeres zu tun, als die Verpackung des Reichstages zu beschließen.

Edzard Reuter:
Ich hätte zwar auch dafür gestimmt. Aber in der Tat, das war vielleicht nicht die vorrangigste Aufgabe des Bundestages. Ich glaube, daß, wenn ich das richtig beurteile, die Fehler, die in dieser Richtung gemacht worden sind, auch wieder die Fehler der falschen psychologischen Handhabung gewesen sind, der fehlenden Offenheit.

Zur Lage im Osten

Helmut Schmidt:
Es ist weder den Ostdeutschen noch den Westdeutschen gesagt worden, daß es nicht ohne gewaltige Anstrengungen geht. Nehmen wir mal an, daß die verschiedenen Krisen

westdeutscher Industriebranchen nicht so schnell überwunden werden. Nicht die Strukturkrise der Werften, nicht die Strukturkrise des Kohlenbergbaus, nicht die Strukturkrise des Stahls, nicht der Automobilindustrie, nicht der Flugzeugbauindustrie – auch wegen der Höhe unserer realen Löhne und der Höhe unserer realen Renten- und Sozialfürsorge – Sozialleistungen, die ja finanziert, das heißt erst verdient und dann den aktiven Leuten in Form von Steuern oder Beiträgen weggenommen werden müssen. Nehmen wir an, daß das alles nicht so schnell geändert werden kann. Es spricht vieles für die Annahme, daß die Überwindung der gegenwärtigen westdeutschen Arbeitslosigkeit nicht im Handumdrehen geschieht – weil es eben nicht nur eine sogenannte Konjunkturkrise ist, sondern vielmehr eine Fülle von Strukturkrisen auf einmal.

Edzard Reuter:
Das kann zehn bis zwanzig Jahre dauern.

Helmut Schmidt:
Nehmen wir mal so etwas Schlimmes an, was Sie gerade gesagt haben. Dann wird sich daraus zwangsläufig ergeben, daß die entsprechende Arbeitslosigkeit im Osten Deutschlands höher sein wird als im Westen. Deswegen ist nach meiner festen Überzeugung eine schwere Anstrengung des Westens zugunsten des Ostens geboten. Wenn auf die Dauer im Osten doppelt so viel Arbeitslosigkeit – das ist de facto heute der Fall – wie im Westen herrscht, dann kann ich mir zwar die psychologischen Folgen schon vorstellen, aber die politischen Folgen oder die Folgen für die Institutionen möchte ich mir nur sehr ungern vorstellen. Ich möchte gerne schon die psychologischen Folgen vermeiden.
Die Vorstellung der Leute im Osten ist, einen industriellen Arbeitsplatz zu bekommen. In Wirklichkeit haben wir in

Westdeutschland von hundert Jobs bloß noch etwa zweiunddreißig industrielle Arbeitsplätze; die anderen beinahe siebzig
Prozent sind heute sogenannte Dienstleistungsarbeitsplätze
verschiedenster Form. Die meisten irren sich in bezug auf das,
was am Arbeitsmarkt zu erreichen sei. Die Westdeutschen
haben es zum Teil begriffen, der größere Teil muß es erst noch
begreifen, daß man in dieser sich technologisch schnell wan-
delnden Gesellschaft im Laufe des Lebens verschiedene Berufe
nacheinander ausführen muß, daß man neue Berufe lernen muß
und willens sein muß, sie zu lernen. Das sind Vorstellungen, die
in den neuen Bundesländern gegenwärtig nicht vorhanden sind.
Im Gegenteil, sie treffen Leute, die in sogenannten Umschu-
lungsmaßnahmen – das sind mehrere hunderttausend, die auf
diese Weise nicht in der Arbeitslosenstatistik erscheinen – für
Berufe ausgebildet werden, von denen man ziemlich sicher sein
darf, daß sie später gar nicht in dieser Zahl gebraucht werden.
Das spricht sich inzwischen schon langsam herum.
Also ich bin nicht so sehr interessiert an der Prognose, ich bin
daran interessiert, daß sich die Krankheit, die ich heute konsta-
tiere, nicht weiter ausbreitet.

Edzard Reuter:
Tatsächlich haben wir, wenn wir ehrlich rechnen, zusammen
mit diesen ABM-Stellen nicht vier Millionen, sondern sechs
Millionen Arbeitslose. Das ist die reale Zahl. Mit anderen
Worten, in Wirklichkeit haben wir eine prozentmäßige zwei-
stellige Arbeitslosenquote, und ich fürchte, sie kann noch
weiter ansteigen. Die Dinge, die getan werden müssen, um
damit fertig zu werden – das ist mein Argument – die gelten
aber gleichermaßen für Westdeutsche wie für Ostdeutsche.
Wir müssen alle lernen, daß es beispielsweise das, was man
Lebenskarriere und was man die Ausbildung dafür nennt, so

nicht mehr geben wird, wie wir das bisher immer gemacht haben. Ich sage das wohl wissend, daß es in den ostdeutschen Ländern in den Altersstrukturen zwischen fünfundvierzig und fünfundsechzig eine viel höhere Arbeitslosigkeit geben wird als in Westdeutschland. Daraus leite ich aber zugleich meine eher optimistische Überzeugung ab, daß wir bei den jüngeren Menschen eher an eine auch mentalitätsmäßige Angleichung herankommen können, als das jetzt der Fall zu sein scheint. Dieser ganze Prozeß wird freilich letztendlich eine Generation dauern – darüber sind wir uns, glaube ich, einig.

Gesellschaft im Wandel

Helmut Schmidt:
Es ist absolut sicher, daß wir es uns in fünf Jahren nicht mehr erlauben können, soviel Leute in Frühpension zu schicken wie heute, weil wir diese Renten und Pensionen nicht mehr finanzieren können. Es sei denn, daß wir nochmal die Steuern und die Sozialversicherungsbeiträge erhöhten, wofür ich mich nicht aussprechen kann. Es muß in Westdeutschland gelernt werden, und das trifft dann auch für Ostdeutschland zu, daß wir längere Jahre des Lebens arbeiten und Steuern und Sozialversicherungsbeiträge zahlen müssen als gegenwärtig – wegen der zunehmenden ›Vergreisung‹ der deutschen Gesellschaft. Und deswegen wird man schrittweise wahrscheinlich zunächst zu einem Rentenalter von fünfundsechzig Jahren zurückkehren und vielleicht auch zu sechsundsechzig oder siebenundsechzig; und: Man wird früher im Leben anfangen müssen zu arbeiten. Heute leisten wir es uns, ein Drittel der jungen Mannschaft erst im reifen Alter von neunundzwanzig Jahren das erste Geld verdienen zu lassen, von dem sie dann erstmalig auch Steuern zahlen müssen. Es sind gewaltige

Veränderungen, die uns bevorstehen. Ich bin nicht so sicher, Edzard Reuter, ob ich Ihren Optimismus teilen darf, daß die Menschen im Osten genau so schnell damit fertig werden wie wir hier im Westen. Denn sie sind ja – zwar auf sehr niedrigem Niveau – einen voll funktionierenden Wohlfahrtsstaat gewohnt gewesen. Sie haben nie darüber nachdenken müssen. Das Niveau der Rente war minimal, was die reale Kaufkraft der Rente angeht. Aber sie brauchten darüber nicht nachzudenken, sie fangen jetzt gerade erst an.

Im Augenblick finden hier Lohntarifkonflikte statt, in der metallverarbeitenden Industrie, in der Elektroindustrie und im öffentlichen Dienst. Sowohl die Arbeitgeber als auch die Gewerkschaften haben in den letzten Jahren unglaubliche Fehler gemacht, entsetzlichen Fehlvorstellungen sind sie angehangen, wie großartig wir uns entwickeln würden – wie wir uns tatsächlich überhaupt nicht entwickelt haben. Jetzt müssen beide gewaltig lernen. Und jetzt kriegen sie sich darüber in die Haare. Die Gewerkschaftszentralen herrschen auch in Sachsen. Es ist nicht so, daß die dort ihre eigenen, sächsischen Gewerkschaftsfunktionäre haben. Das ist genau wie mit der Katasterverwaltung in Schwerin. Es sind westdeutsche Gewerkschaftsfunktionäre, es sind westdeutsche Arbeitgeberbosse, die im Osten das entscheidende Sagen haben.

Eberhard Jäckel:
Aber heißt dies nicht, daß die Probleme, die wir in Westdeutschland vorher hatten und die wir auch bei Fortdauer der Teilung gehabt hätten, jetzt auf die ostdeutschen Länder übertragen werden? Das heißt, die Integration wird auch hinsichtlich der Probleme eine vollkommene sein.
Ich will noch eine andere Analogie nennen: Rußland. Es scheint mir ein hochexplosiver Risikofaktor zu sein. Dieses

Zusammentreffen von ökonomischem Zusammenbruch, großer Verelendung und nationaler Demütigung – das muß doch einem Demagogen, und solche sind ja schon aufgetreten, geradezu glänzende Chancen bieten. In den ostdeutschen Ländern ist dies nicht der Fall. Ökonomisch gesehen, ich rede jetzt nicht von sozialen und psychischen Befindlichkeiten, ist Ostdeutschland auf einem viel höheren Niveau als Polen oder gar Rußland, weil Westdeutschland die Finanzierung übernimmt. Von einer nationalen Demütigung kann ich auch nichts sehen, und deswegen scheinen mir in dieser Anpassungskrise, auf den ersten Blick jedenfalls, keine besonderen langfristigen Risiken beschlossen zu sein.

Helmut Schmidt:
Nationale Demütigung – nein! Aber Demütigung ja.

Edzard Reuter:
Ich möchte – wenn Sie erlauben – etwas Konkretes sagen über die Auswirkungen dieses Wandels auf die Institutionen, auf die gewachsenen Institutionen. Schauen Sie, so ein großes Unternehmen wie das, in dem ich arbeite, das hatte früher traditionell eine starre Befehlsstruktur. Da wurde von oben nach unten im Grunde genommen funktional angeordnet, und das bedingte eine Mammutorganisation, die sich blockierte, die langsam war, die nicht handeln konnte. Wir haben inzwischen gelernt – und zwar nicht, weil wir so toll sind, sondern unter dem Druck des Wettbewerbes –, daß wir damit nicht mehr leben können, daß wir diese gewachsenen Strukturen aufbrechen müssen, daß wir Verantwortung in kleine Einheiten delegieren müssen, die selbst entscheiden können, daß es wichtig ist, den Menschen auch wieder Spaß an der Sache zu verschaffen. Dieser Prozeß ist im Gange.
Aber die gesamte Gewerkschaftsorganisation der IG Metall ist

überhaupt nicht darauf ausgerichtet, daß in Zukunft die Arbeit in den Betrieben flexibel gestaltet werden muß. Daß der eine fünfunddreißig Stunden oder zweiunddreißig Stunden arbeitet und der andere dreiundvierzig Stunden in der Woche. Oder daß der eine mit achtundfünfzig in Pension geht und der andere erst mit achtundsechzig; daß dementsprechend auch die Verdienste unterschiedlich sind. Damit kann diese Organisation noch nicht fertig werden, weil sie von der Vorstellung gelebt hat: Wir sind eine Maschine, die jedes Jahr für alle unsere Mitglieder die gleichen Bedingungen in Verhandlungen erkämpft. Sie muß sich ändern. Sie muß sich übrigens auch nach Europa öffnen, aber das ist bei den Gewerkschaften bisher auch kein Thema.

Wir haben zugleich bei uns das Problem, daß es natürlich Menschen gibt, die bei dieser Gelegenheit gern die ganze Institution der Gewerkschaften in den Rhein kippen würden. Eine furchtbare Vorstellung, die natürlich nicht passieren darf. Es geht also darum, daß der Druck auf den Wandel der Institutionen enorm ist. Und schauen Sie in die Parteienlandschaft, dann wissen Sie, daß auch hier der Druck enorm ist. Nochmal: Das ist kein Thema, das spezifisch aus der Vereinigung heraus entstanden ist.

Eberhard Jäckel:
Genau. Dieses Gespräch hätten wir 1988 genauso führen können. Das heißt, es hat nichts mit der Vereinigung zu tun.

Helmut Schmidt:
Bleiben wir bei meinen Vorbehalten. Die Sache ist für die Leute in den östlichen Ländern sehr viel gravierender als für die Leute in den westlichen.

Edzard Reuter:
Da ist kein Widerspruch.

Volksparteien ade?

Helmut Schmidt:
Ich will aber noch einmal auf eine Ihrer anderen Institutionen zu sprechen kommen. Es kann passieren, daß die CDU in Mecklenburg und Brandenburg und Sachsen-Anhalt keine Volkspartei bleibt. Und daß sie in Baden-Württemberg und Bayern und Rheinland-Pfalz oder in Nordrhein-Westfalen sehr wohl Volkspartei bleibt. Aber wenn dann die Leute sehen, daß es mit dieser Partei bergab geht im Osten Deutschlands, dann geht's möglicherweise mit ihr auch hier bergab. In Niedersachsen, Schleswig-Holstein, in Hamburg ist die CDU unter dreißig Prozent. Das ist kaum noch eine Volkspartei. In den fünfziger Jahren hatten die beiden heutigen Volksparteien zusammen sechzig Prozent der abgegebenen Stimmen. Das stieg im Lauf der Jahrzehnte bis auf neunzig Prozent. Jetzt ist es wieder runter auf etwas über siebzig. Das kann noch weiter fallen. Und es kann sich insbesondere im Osten ganz anders ergeben als im katholischen Süden Deutschlands. Die Frage ist, wer wird das Vakuum ausfüllen?

Einer der Gründe für den schließlichen Kollaps der ersten deutschen Demokratie anno Weimar war, daß entscheidende Prozentsätze des Wählervolks das Vertrauen in die Parteien verloren, die den Staat getragen hatten, nämlich die Sozialdemokraten, die Deutschen Demokraten und das Zentrum. Und dann gingen sie hin und wählten die Harzburger Front und wählten die Nazis und wählten die Kommunisten. Die Nazis sind bei uns heute leider nicht ausreichend diskreditiert, wie wir bei den Republikanern sehen und bei Herrn Gerhard Frey und wie die alle heißen. Und die Kommunisten, das können wir in Potsdam studieren und in Cottbus, sind auch nicht ausreichend diskreditiert. Und wenn sie sich ein bißchen eine andere Badehose anziehen, können sie durchaus gewählt werden. In schlechten Zeiten, mit Arbeitslosigkeit und Unsicherheit über die Zukunft, greifen die Leute, wenn sie denn wählen sollen und wählen wollen, möglicherweise zu einem wichtigen Prozentsatz nach Strohhalmen, die sich ihnen anbieten.

Wir können überhaupt nicht sicher sein, daß diese sich lange hinziehende Umstrukturierung der westdeutschen Wirtschaftstätigkeit, verbunden mit einer langfristig hohen Sockelarbeitslosigkeit, daß die nicht erhebliche Konsequenzen für die Parteienstrukturen hat. Daß die bisherigen Volksparteien nur klug reagieren werden, das scheint mir ganz unsicher, eher fragwürdig, eher sehr fragwürdig. Sie werden ihre Besitzstände zu verteidigen suchen, nämlich die Besitzstände ihrer bisherigen Wähler, so wie die Gewerkschaft die Besitzstände ihrer Beschäftigten verteidigt hat, nicht aber die Interessen ihrer arbeitslosen Mitglieder. Das weiß man also alles nicht. Man konnte 1930, als die letzte parlamentarisch gestützte Regierung in Berlin aufhörte, nicht wissen, wohin die Entwicklung geht. Sie führte dann zu den Nazis, hätte aber auch zu ganz anderen Dingen führen können. Niemand konnte das wissen. Die Unfähigkeit der damaligen Elite in Unternehmerschaft und Gewerkschaften, in Parteien und im Beamtentum, sich vorzustellen, wie man mit Arbeitslosigkeit fertig werden kann, war enorm. Die hatten zwar alle den guten Willen, auch Heinrich Brüning mit seiner deflatorischen Politik, aber sie wußten nicht, wie man es macht. Sie konnten nicht Klavierspielen. Das Klavier stand da und mußte dringend gespielt werden, doch sie konnten es nicht. Eine solche Situation erleben wir gegenwärtig. Die gegenwärtig Regierenden können nichts ins Werk setzen, was die Arbeitslosenquote verringert – im Gegenteil, sie hat sich im Laufe der letzten zwei Jahre ständig erhöht. Und sie wird mindestens bis in den Februar 1995 ansteigen, weil weitere Entlassungen und Einsparungen von Stellen und dergleichen schon angekündigt sind. Und dabei werden die Unternehmen bleiben, bei der Verschlankung ihrer Administration werden sie bleiben, und bei der Verschlankung ihrer Produktion werden sie bleiben. Vielleicht wird dann im Laufe des Jahres 1995 der konjunkturelle Teil der Krise überwunden werden. Vielleicht – wenn die Regierenden wissen, was sie zu tun haben. Dann wird vielleicht der konjunkturelle Teil überwunden werden, nicht aber der strukturelle Teil – und der ist der größere Teil der Arbeitslosigkeit. Die Vorstellung, daß die Parteienlandschaft sich ändern könnte, die scheint mir deshalb durchaus nicht abwegig zu sein.

Eberhard Jäckel:

Die Analogie, die Sie aus der Weimarer Republik so eindrucksvoll zitiert haben, führte in die nationalsozialistische Diktatur. Ist das ein Risiko, vor dem sich das vereinigte Deutschland hüten muß? Ich bin da, anders als in den anderen Punkten, etwas optimistischer als Sie, weil ich einerseits glaube, daß die Demokratie in Westdeutschland besser verankert ist, als sie es in der Weimarer Republik war, aber vor allem, weil es unter den Bedingungen der Europäischen Union undenkbar ist, daß in einem Mitgliedsland eine Diktatur errichtet würde.

Helmut Schmidt:

Eine Diktatur braucht ja nicht kommen.

Weg von Europa?

Edzard Reuter:

Aber es könnte immerhin sein, daß in einer sehr absehbaren Zukunft, sich berufend auf die inneren Zustände in diesem Land, der Teufel an Europa festgemacht und daraus die Konsequenz gezogen wird, weg von diesem Europa, wir gehen nun unseren eigenen Weg. Genau daraus folgt ja gerade meine feste Überzeugung, daß dieser Weg nach Europa dringend weitergegangen werden muß. Und ich sage noch einmal, er kann nur erfolgreich sein, wenn gleichzeitig in diesen Fragen Offenheit, Klarheit und Kompetenz gezeigt werden. Das heißt, über den Zustand dieses Landes und die Sorge um die Zukunft, da haben wir überhaupt keinen Dissens. Wohl aber darüber, daß wir ableiten dürften: Es ist früher einmal so gelaufen, also wird es wieder so laufen.

Eberhard Jäckel:

Jetzt scheinen wir vollständige Übereinstimmung erzielt zu haben. Dies ist auch meine Befürchtung, daß wenn auch im Inneren dieses Achtzig-Millionen-Komplexes Schwierigkeiten auftreten, sie, wie das oft in der Geschichte geschehen ist, auf einen Sündenbock projiziert werden. Dieser Sündenbock könnte Europa heißen, das sieht man in Ansätzen schon. Und dann könnte daraus der Versuch entstehen, aus der Europäischen Union auszuscheiden.

Helmut Schmidt:

Sie zu lähmen reicht schon, es muß nicht Ausscheiden sein. Wenn ich das ins ganz Allgemeine wenden darf, so muß ich sagen, daß wir eine Unzureichendheit der politischen Klasse zu konstatieren haben; in der Ökonomie haben wir eine Unzureichendheit der Unternehmer und der Gewerkschafter zu konstatieren. Und dann haben wir noch einen Sack voll Intellektueller, die alles besser wissen und die Pessimismus verbreiten. Das Letztere ist ein typisch deutscher Seelenzustand. Soviel Pessimismus, wie in diesem Jahrhundert in Deutschland verbreitet worden ist, bei Oswald Sprenglers ›Untergang des Abendlandes‹ angefangen, hat es in anderen Ländern nicht gegeben.

Eberhard Jäckel:
Manches von dem Pessimismus hat sich als leider sehr berechtigt erwiesen.

Helmut Schmidt:
Aber er hat eben nicht dazu geführt, daß die Leute die Ärmel aufgekrempelt haben.

Edzard Reuter:
Doch weil dies so ist, möchte ich gerne – das erlauben Sie mir – als Unternehmer, aber auch aus voller, weit darüber hinausgreifender Überzeugung, einen ganz klaren Widerspruch einlegen. Es ist sicher richtig, daß die Unternehmer in Deutschland zu vielen Versäumnissen, zu vielen Entwicklungen der letzten Jahre nicht nur ihr Scherflein beigetragen haben, sondern einen ganz gewaltigen Anteil daran haben. Es ist aber auch sicher so, daß es die Unternehmen in Deutschland und die Unternehmer in Deutschland sind, die längst und als erste kapiert haben, daß sie handeln müssen. Alles das, was Sie vorhin geschildert haben mit der Verschlankung, die Freisetzung und so weiter, das sind ja Handlungen, die hinführen auch auf die Notwendigkeit, sich dem internationalen Wettbewerb mit neuen Produkten, neuen Einfällen zu stellen. Also: Wenn es um eine Analyse dessen, was gewesen ist, geht, da bin ich einig, daß Sie die Unternehmer einschließen; ich bin aber überhaupt nicht damit einverstanden zu sagen, auch die

Unternehmer hätten die Zeichen der Zeit noch nicht erkannt. Sie sind die einzigen, die es getan haben. Sehen Sie mir das bitte nach.

Technologiestandort Deutschland

Helmut Schmidt:
Ich sehe Ihnen das gerne nach und widerspreche Ihnen gleichzeitig.

Ich habe nicht den Eindruck, Edzard Reuter, daß die Unternehmensleitungen bei den großen wie auch bei den mittleren Unternehmen Westdeutschlands in ausreichendem Maße sich der Forschung und der neuen Entwicklung widmen. Es gibt möglicherweise zwanzig Felder, auf denen wir hinsichtlich der Neuentwicklung auf einen zweiten, dritten und vierten Rang der Weltwirtschaft abgesunken sind. Mikroelektronik, Halbleiter, das wissen Sie ja alles.

Edzard Reuter:
Lassen Sie mich dazu sagen: Ich kann Ihnen umgekehrt jede Menge Beispiele dafür aufführen, daß deutsche Unternehmen neue Produkte und Innovationen nicht mehr in der Bundesrepublik entwickelt haben und produzieren, weil sie – ich sage es jetzt mal ganz böse – nicht erwünscht waren.

Helmut Schmidt:
Das ist leider richtig.

Edzard Reuter:
Ich sage nur mal, das große Thema der Biotechnologien, das ganze Thema der Luft- und Raumfahrt. Das sind Bereiche gewesen, wo es hieß: Wozu brauchen wir das eigentlich? Das wollen wir ja gar nicht.

Helmut Schmidt:
Kernkrafttechnologien.

Edzard Reuter:

Kernkrafttechnologien. Dieses ist ein komplexes Thema. Natürlich ist einiges versäumt worden. Es ist aber erkannt worden, daß sich das ändern muß, und es wird längst gehandelt.

Helmut Schmidt:

Erkannt worden? Es ist im Prozeß erkannt zu werden, würde ich sagen. Es hat sehr lange gedauert. Ich muß in meinem Alter mindestens einmal im Jahr zur Generaluntersuchung, das dauert zwei Tage. Die Apparaturen, denen ich ausgesetzt werde, stammen fast alle aus dem Ausland. Deutschland war in der medizinischen Technik, wie überhaupt in der Medizin, vor 1914 führend in der Welt. Ich habe den vierten Herzschrittmacher in der Brust. Alles amerikanische Patente. Weswegen? Die Deutschen sind nicht gut genug, drei verschiedene Kardiologen nacheinander haben das gesagt. Mikromechanik ist ein weiteres Feld, Autoelektronik ebenso.

Edzard Reuter:

Die zwei Felder Mikromechanik, Autoelektronik: Das stimmt einfach nicht. Aber bitte, man kann sich über all diese Dinge streiten. Mir kommt es auf etwas anderes an: Hier wird gehandelt, weil inzwischen kapiert worden ist, daß man sonst untergehen wird. Und die Ansätze und Fähigkeiten sind natürlich in der Wissenschaft viel größer, in der Naturwissenschaft, in den technischen Wissenschaften, das Potential ist viel größer, die Leistungsfähigkeit auch an den Universitäten ist viel größer, als es gemeinhin dargestellt wird.

Helmut Schmidt:

Einer der Punkte ist der, daß in Deutschland große Teile der Naturwissenschaft – insbesondere der Grundlagenforschung – und die Industrie nicht eng genug zusammenarbeiten. Es spielen auf beiden Seiten Hemmungen eine Rolle, auf seiten der Wissenschaft vor allem Arroganz, Überlegenheit und Erhabenheit.

Edzard Reuter:

Jetzt geben Sie mir ein hervorragendes Stichwort dafür, was ich vorhin sagte, als ich meiner Überzeugung Ausdruck gab, daß es in Westdeutschland und in Ostdeutschland um ganz ähnliche Probleme geht, die wir gemeinsam bewältigen müssen. Da gibt es plötzlich eine neue Universität in Cottbus, eine weitgehend technisch ausgerichtete Universität, die sich genau dieses Thema auf ihre Fahnen geschrieben hat.

Helmut Schmidt:

Man kann das nur begrüßen.

Edzard Reuter:

Es ist eine fabelhafte Sache. Und das passiert in Ostdeutschland.

Das Elend der Bildungspolitik

Helmut Schmidt:

Aber nun sind wir bei einem weiteren Thema: Universitätslandschaft. Das ist ja zum Haare raufen. Die Universitäten sind einerseits wegen eigener Unfähigkeit und andererseits wegen der Gängelung durch die staatlichen Bürokratien überhaupt nicht in der Lage, sich selbst eine leistungsfähige Struktur zu geben. Ich kann nur wünschen, daß hier in Deutschland möglichst viele private Universitäten gegründet werden, von Managern geleitet, damit die Universitäten unter Konkurrenzdruck kommen. Die deutschen Universitäten haben sich gemeinsam eine zentrale Zulassungsstelle in Dortmund geschaffen, die teilt die Studenten zu. Du lieber Gott! Und dann haben sie das so fabelhaft eingerichtet, daß viele Studenten gezwungen sind, endlos zu studieren. Wenn die in Sachsen das begriffen haben und es von vornherein anders machen, dann könnten sie einen großen Vorsprung erhalten. Wir haben in Hamburg jetzt vierzigtausend Studenten. Selbst wenn die sich alle furchtbar auf den Hosenboden setzen würden, dann würden sie höchstens eineinhalb Semester einsparen. Es geht gar nicht schneller.

Edzard Reuter:

Leider ist das wahr. Unser Gesprächspartner Eberhard Jäckel muß in einem solchen Falle bedeutsam an seiner Pfeife saugen. Er hätte sicher viel dazu zu sagen, aber ich möchte das vorher stark unterstreichen. Um es einmal auf den Punkt zu bringen: Wenn ich mir beispielsweise die Universität Konstanz anschaue, die noch relativ überschaubare Dimensionen und offensichtlich den Drang hat, sich aus diesen Fesseln, auch den eigenen Fesseln freizumachen, habe ich mich oft gefragt, was würde eigentlich in Deutschland passieren, wenn mal ein Trägerkreis den Vorschlag oder ein konkretes Modell entwikkeln würde, diese Universität Konstanz zu privatisieren. Ich sage das theoretisch, weil ich weiß, was da für ein Aufschrei durch die Landschaft gehen würde. Obwohl doch an sich die Idee der staatsfreien Universität zumindest einer der Kernelemente der Humboldtschen Ideale gewesen ist.

Helmut Schmidt:

Was wir heute auf dem Felde der ganzen universitären Ausbildung haben, ist ein zentralisierter Staat. Im Grundgesetz steht zwar, daß die Kulturhoheit bei den Ländern liegt, das ist aber tatsächlich nicht so. Die Länder haben sich eine Kultusministerkonferenz mit einer eigenen zentralisierten Bürokratie eingerichtet, die mächtiger ist als die kleineren Bundesministerien in Bonn. Sie haben sich eine gemeinsame Zulassungsstelle eingerichtet und ein gemeinsames BAföG. Sie haben sich eine gemeinsame Prüfungsordnung und was weiß ich alles eingerichtet. Herr Kohl lädt zum Bildungsgipfel ein; ich habe studiert, was dabei herausgekommen ist, nämlich gar nichts. Da wird dann auch nur über Geld geredet.

Ich finde, man sollte den Versuch machen – ob in Konstanz oder in Cottbus, das ist mir gleich –, einer Universität zu sagen: Das, was der Staatshaushalt dir bisher pro Jahr gegeben hat, das geben wir dir plus Inflationsrate und dem allgemeinen Zuwachs des Staatshaushalts, das geben wir dir noch für die nächsten fünfzehn Jahre und dann nichts mehr. Und in diesen fünfzehn Jahren stellt ihr mal euer ganzes Finanzierungssystem völlig um. Keine Bundesgesetzgebung und keine Kultusministerkonferenz – ihr habt die Freiheit, das zu tun. Ihr nehmt Seminargebühren, die bezahlen die Studenten mit Schuldscheinen. Sie brauchen nicht bar zu bezahlen. Aber die ersten fünfzehn Jahre im Berufsleben, wenn sie verdienen, ist das Finanzamt verpflichtet, fünf Prozent ihrer Einkommensteuerschuld oder Lohnsteuerschuld zusätzlich zu erheben, damit die Schuldscheine eingelöst werden. Und du, Universität, kannst dann mit dem Geld das machen, was du für richtig hältst. Und dazu schaffst du dir ein Management an, das betriebswirtschaftlich einigermaßen auf Draht ist – nicht lauter Verwaltungsjuristen.

Nichts dergleichen geschieht, gar nichts geschieht. Wenn ich mich recht erinnere, Herr Reuter, haben Sie ein riesiges, weltweit berühmt gewesenes Elektrounternehmen übernommen vor zwanzig Jahren. Oder wie lange ist das her?

Edzard Reuter:

Zehn Jahre.

Helmut Schmidt:

Das war ein Saustall, ähnlich wie die deutsche Universität. Es ist also nicht so, daß in der Unternehmenslandschaft alles in Ordnung wäre.

Edzard Reuter:

Um Gottes willen, das habe ich vorhin alles geschildert. Es ist absolut richtig, was Sie sagen. Das Beispiel der Universitäten, das wir hier diskutieren, ist ja nicht das einzige Kernproblem in Deutschland, es ist nur ein Symptom. In Wirklichkeit kann doch unser Zustand auch dadurch beschrieben werden, daß wir uns selber in den letzten Jahrzehnten zugemauert haben mit einem Wust von Regelungen und Vorschriften, die alle zu diesem Meltau geführt haben, der eigentlich überall draufliegt. Und es fragt sich doch, wer hat die Kraft, mit einer großen Anstrengung, wirklich mit einem eisernen Besen durch dieses Gewachsene hindurchzufahren und aufzuräumen?

Eberhard Jäckel:

Sie haben wohl erwartet, daß ich die Universitäten verteidigen würde. Aber ich widerspreche Ihnen gar nicht. Universitäten haben, wie ich aus eigener leidvoller Erfahrung weiß, in der Tat ganz besonders schlechte Verwaltungen. Bloß hängt das wohl nicht damit zusammen, daß es bei uns kaum private Universitäten gibt. Auch in der Zeit, in der es Ihrer Ansicht nach besser war, vor dem Ersten Weltkrieg und in der Weimarer Republik, gab es bei uns nur Staatsuniversitäten, mit garantierter Freiheit von Forschung und Lehre. Dies ist kein Problem der Universitäten allein, die ja großenteils ihre global zugewiesenen Haushalte selbst verwalten, sondern es ist ein Symptom der Gesellschaft insgesamt, vielleicht die notwendige Folge des Sozialstaates mit einem immer stärkeren Versorgungsdenken und einer zunehmenden Aufblähung der Verwaltung. Aber wir sollten zu unserer Frage zurückkommen: Sind diese Probleme anders geworden, seitdem sechzehn Millionen Ostdeutsche beigetreten sind?

Helmut Schmidt:

Nein, das sind sie nicht. Nur für sechzehn Millionen sind sie noch schwieriger.

Eberhard Jäckel:

Ergibt sich daraus für den Gesamtstaat ein Risiko oder vielleicht eher eine Chance? Ich sehe in diesem Bereich, nicht nur bei den Universitäten, sondern auch bei der von Grund auf neu zu bauenden Volkswirtschaft, nach der Vereinigung eher eine Chance der Modernisierung.

Vom Rechtsstaat zum Verwaltungsstaat?

Helmut Schmidt:

Der Bundeskanzler hat einmal eine öffentliche Bemerkung gemacht; das dürfte ein paar Jahre zurückliegen. Er hat gesagt, wir brauchen eine große Vereinfachung der deutschen Gesetzgebung, der Verordnungsgebung ...

Eberhard Jäckel:

... und der Steuergesetze ...

Helmut Schmidt:

und der Verwaltungsgerichtsentscheidungen. Geschehen ist aber seither gar nichts. 1993 hat er sich ein weiteres Mal damit beschäftigt, da haben sie eine Kommission eingesetzt, die muß, glaube ich, im Jahr 1997 oder so berichten. Das heißt, es wird einstweilen wieder nichts geschehen.

Unser Übersoll an Vorschriften hängt nicht nur mit dem Sozialstaat zusammen, es hängt vor allem damit zusammen, daß die Verwaltung in Deutschland aus Juristen zusammengesetzt ist, die alles minutiös regeln wollen. Das ist ihre Denkstruktur. Wenn Sie ein Haus bauen wollen, dann brauchen Sie tausend Genehmigungen, unter anderem muß dreimal der Bezirksschornsteinfeger kommen. Er muß erstens den Plan begutachten und sehen, ob der Schornstein richtig gegründet ist, dann muß er während des Baus einmal kommen, um zu sehen, daß nicht gepfuscht worden ist, und dann muß er zum Schluß kommen und den Schornstein abnehmen. Ich lach' mich schief! Das war immer so, also muß es so bleiben. Wenn Sie einen Carport vor der Tür bauen wollen, dann müssen Sie eine Baugenehmigung haben. Und dann verlangt die Baubehörde von Ihnen zunächst einmal eine statische Berechnung, damit der auch nicht einstürzen kann. Selbst wenn der Carport industriell, serienmäßig gefertigt und nur aufgestellt wird, brauchen Sie eine statische Berechnung. Das kostet nicht bloß Zeit, sondern auch Geld. Und so ist das auf sämtlichen Feldern. Es gibt keinen Einkommensteuerzahler mehr in Deutschland, der in der Lage ist, seine Steuererklärung selbst auszufüllen. Es ist eine Zumutung fürs Publikum, aber es wird immer weiter so gemacht. Das ist ein Teil dieser Strukturkrise, in der sich unsere Gesellschaft befindet. Dann flüchten sich die Leute vor die Glotze und sagen ›leck' mich doch am Arsche, jetzt will ich mal Herrn Gottschalk angucken‹. Wenn sie nur Fußball sähen, dann würden sie da sogar noch ein Stück Kultur sehen im Verhältnis zum Gottschalk.

Edzard Reuter:
Wenn der VfB Stuttgart spielt, jedenfalls!

Eberhard Jäckel:
Das gilt auch für die Universitäten. Ich habe für meine Universität aus einem deutsch-israelischen Forschungsfonds sogenannte Drittmittel eingeworben und dafür eine Reise machen müssen. Die Reisekostenabrechnung hat ungefähr fünf Monate gedauert, und ich habe zum Beispiel angeben müssen, ob mein Frühstück im Hotelpreis inbegriffen war und so weiter. Da sitzt eine Angestellte, die hauptsächlich damit

beschäftigt ist, und am Ende sind die Verwaltungskosten vermutlich höher als die Reisekosten. Aber noch einmal: Dies ist kein Problem der Universitäten allein. Sie werden schon mitmachen, wenn sich in der gesamten Gesellschaft endlich der Trend zu einer Verwaltungsvereinfachung durchsetzt.

Edzard Reuter:
Was für Effeckte wird das haben, wenn der Wettbewerbsdruck aus der ganzen Welt steigt und es im Grunde genommen erzwingt, daß wir hier was ändern, wir aber dazu nicht in der Lage sind? Und hinzu kommen noch innenpolitische Reaktionen wie zum Beispiel Wählerverhalten, Fernbleiben von Wahlen oder Zerfall der Volksparteien, Zunahme der Protestparteien.

Man kann aus dem eben Gesagten wohl leider nur die eine Schlußfolgerung ziehen, daß der Druck schon gewaltig groß sein müßte, bevor wir daran gehen, dieses Problem anzupakken. Trotzdem verträgt es keinen Aufschub. Es geht nicht um Probleme, die bis 1997 oder 1998 oder 2000 aufgeschoben werden können. Wenn wir es nicht packen, wird die Krise zu einer Dauerkrise. Aber das ist nicht eine Vereinigungskrise, es ist eine Krise unserer Gesellschaft.

Eberhard Jäckel:
Ist es denn eine ganz falsche Vorstellung, wenn ich mir ausmale, daß ein Gespräch, wie wir es eben geführt haben, auch in Japan oder in Frankreich oder auch in Italien geführt werden könnte?

Helmut Schmidt:
In Frankreich sicher, in Italien sicher, in Japan neuerdings auch.

Eberhard Jäckel:
Das heißt, wir haben es gar nicht mit einem nationalen Problem zu tun?

Helmut Schmidt:

Nein, aber wir haben das mit dem Verwaltungsstaat in Deutschland sehr viel weiter getrieben – mit Ausnahme Frankreichs –, als alle anderen. Aber aus den ungeheueren Schwierigkeiten, die es den Verwaltungsbehörden im Osten macht, mit dem ihnen über Nacht übergestülpten *Korpus juris* fertig zu werden, ergibt sich die dringende Notwendigkeit – nicht nur deretwegen, sondern unser aller wegen –, diesen *Korpus juris* auf die Hälfte an Vorschriften zu verringern.

Eberhard Jäckel:

Das heißt, der Beitritt könnte hier zu einer Chance werden?

Helmut Schmidt:

Ja, zu einem Anstoß. Wir sind mitten drin in einer Allee – da haben wir schon viele Kilometer hinter uns gebracht –, in einer Allee, die in den Verwaltungs- und Gerichtsstaat führt. Eine schreckliche Sache. Vom Rechtsstaat, der bei sonntäglichen Feierstunden immer so gern besungen wird, vom Rechtsstaat entfernen wir uns auf diese Weise immer mehr.

Eberhard Jäckel:

Jetzt komme ich noch einmal auf meine Eingangs- und Schlußfrage zurück. Nehmen wir einmal an, diese innere Reform in Deutschland würde gelingen, und es würde eine funktionierende Volkswirtschaft und ein funktionierendes Gesellschaftssystem entstehen. Liegen dann in der Tatsache unserer demographischen, industriellen und ökonomischen Überlegenheit Risiken innerhalb der Europäischen Union? Oder liegen darin keine?

Helmut Schmidt:

Risiken gibt es dabei immer, aber wenn wir diesen Weg der Vereinfachung begingen, würden andere das auch tun, wir würden dann nicht die einzigen sein.

Eberhard Jäckel:

Und daß wir dann über achtzig Millionen sind und die Engländer, die Franzosen, die Italiener unter sechzig, darin sehen Sie keine Risiken?

Helmut Schmidt:

Das ist ein Problem, das wir nicht anders lösen können als durch die Einbindung Deutschlands in die Europäische Union.

Edzard Reuter:

Je schlechter es den Deutschen geht, glaube ich, je weniger sie es schaffen, die Probleme zu lösen, von denen wir gesprochen haben, desto größer ist die Gefahr des Alleinganges. Je mehr es uns gelingt, dieses Land zu modernisieren, es stark zu machen, es wettbewerbsfähig zu machen, desto geringer ist die Gefahr des deutschen Alleinganges in Europa und in der Welt.

Eberhard Jäckel:

So sehr ich das wünsche, Herr Reuter, was Sie sagen, ich bin da immer noch skeptisch. Wenn es bei uns wieder funktioniert und bei den anderen funktioniert es nicht, dann besteht die Gefahr, daß jemand in Deutschland aufsteht und sagt, wir bezahlen deren Fortschritt, viele Kosten, die wir haben, würden uns nicht entstehen, wenn wir uns nicht mit den Europäern zusammengeschlossen hätten. Wir würden besser leben, und wir sind groß und stark genug, es auch alleine zu können.

Helmut Schmidt:

Das kann durchaus passieren. Das kann man nur durch gewollte Einbindung verhindern. Man muß gleichzeitig sehen, daß nichts gewonnen ist, wenn die deutschen Verwaltungsvorschriften vereinfacht und die Verwaltungsvorschriften, die aus Brüssel kommen, verzehnfacht werden.

Edzard Reuter:
Diesen Rückkoppeleffekt haben wir längst. Aber das Problem, über das wir reden, die Modernisierung unserer Gesellschaftssysteme, unserer Volkswirtschaft, das haben unsere französischen Nachbarn genauso erkannt. Und darin liegt auch eine große Chance. Wir können nämlich diese Aufgabe zwar auf unterschiedlicher Basis der Kulturen und Geschichte, aber dennoch in einem großen Stück Gemeinsamkeit anpacken. Klar, dazu gehört auch das Thema der Definition und der Behandlung der Brüsseler Bürokratie. Es gibt eine Menge von skurrilen Beispielen dieser Brüsseler Bürokratie, und doch: Neunzig Prozent dieser Beispiele liegen darin begründet, daß die Mitgliedsregierungen solche Regeln gefordert haben.

Prinzip der Subsidiarität

Helmut Schmidt:
Die Minister der Mitgliedsregierungen, die sich zu Hause mit ihrer Lieblingsidee nicht durchsetzen konnten und diese dann in ihrem speziellen Ministerrat in Brüssel auf den Tisch gebracht haben, dafür gibt es viele Beispiele. Eines liegt hier auf dem Tisch. In ganz Europa ist vorgeschrieben, daß auf jeder Zigarettenschachtel steht, ›die Gesundheitsminister der Europäischen Gemeinschaft haben verkündet, Rauchen gefährdet die Gesundheit‹. Das in ganz Europa vorzuschreiben, ist Quatsch. Dergleichen kann durch die nationalen Parlamente oder Regierungen geregelt werden. Das Prinzip der Subsidiarität, das aus der katholischen Soziallehre stammt, wird in der Praxis seit eh und je ins Gegenteil verkehrt. Wir müssen endlich begreifen, daß das, was an Ort und Stelle geregelt werden kann, nicht eine Etage höher geregelt werden sollte. Die Anwendung des Prinzips der Subsidiarität auf

unsern ganzen Verein, ob Daimler-Benz oder die Landesverwaltung von Baden-Württemberg oder die Universitätsverwaltung von Rheinland-Pfalz, das wäre eine große Sache. In Deutschland tendiert alles immer dazu, von möglichst oben geregelt zu werden. Und dann bilden wir uns ein, wir seien ein Bundesstaat.

Eberhard Jäckel:

Sie sagen ›in Deutschland‹ und zitieren Brüssel als Beispiel. Aber ich bin im übrigen vollkommen Ihrer Ansicht.

Helmut Schmidt:

Wir haben ganz schön beigetragen zu diesem Brüsseler Unsinn.

Eberhard Jäckel:

Aber jetzt will ich Sie noch einmal provozieren. Wäre dies denn nicht eine Aufgabe für langfristige Planung? Müßte sich denn nicht jemand hinsetzen, eine Gruppe oder ein Stab, und ein Konzept entwickeln, wie diese Modernisierung der Gesellschaft, auch im Sinne der Durchsetzung von mehr Subsidiarität, endlich verwirklicht werden kann.

Helmut Schmidt:

Ich habe viele Vorschläge auf den Tisch gelegt, und kein Mensch nimmt sie zur Kenntnis.

Eberhard Jäckel:

Und woran liegt es, daß diese Modernisierung nicht in Angriff genommen wird?

Helmut Schmidt:

In diesem Falle, was die Modernisierung der Verwaltung und des Vorschriftenwesens angeht, so liegt es an den Politikern. In aller Regel sind diese Bestimmungen Bundesrecht, derivates Bundesrecht. Und das müßten die Abgeordneten im Bundestag anfassen, wenn es die Regierung nicht tut. Und die

Regierung tut es nicht. Es gibt eine Kommission, die ist etwa zwei Jahre alt, die hat hundert Vorschläge auf den Tisch gelegt, aber nichts geschieht. Ich habe voriges Jahr um diese Zeit in einem Buch geschrieben, die neue Regierung soll einen Minister damit beauftragen, nichts anderes zu tun, als diese Vereinfachungsvorschläge durchzusetzen. Nichts geschieht. Wir haben es eben auch mit einer Krise der politischen Klasse zu tun. Man muß es deutlich sagen: Viele Politiker erfüllen ihre Aufgabe nicht! Sie gehen ihrer Karriere nach.

Natürlich ist die Ministerialbürokratie immer dagegen, daß was geändert wird, aber die Politiker hätten sich gefälligst durchzusetzen. Es ist auch die Verbandsbürokratie. Bei jedem einzelnen kleinen Erlaß, den Sie aufheben wollen, kommt der Verband X oder Y gelaufen und sagt, hier geraten die heiligsten Güter der Nation in Gefahr, das dürft ihr nicht tun! Und dann gehen die Abgeordneten davor in die Knie, und die Bürokraten sind heilfroh, daß sie im Verband X oder Y einen Verbündeten haben. Am wenigsten erfüllen ihre Aufgabe die Straßburger Parlamentarier. Von einer Kontrolle der europäischen Bürokratie kann überhaupt keine Rede sein. Sie halten nur wunderschöne Reden, egal von welcher Partei.

Reform nur über Katastrophe?

Eberhard Jäckel:
Bloß, wie kann die Reform kommen? In Frankreich gab es 1940 einen Minister, der die Katastrophe, den Zusammenbruch Frankreichs, geradezu begrüßte mit den Worten: »Die Reform konnte nur auf dem Wege der Katastrophe eingeleitet werden.« Müssen wir dieses Szenario ins Auge fassen? Kann nur eine Katastrophe diese Umkehr innerhalb der Gesellschaft einleiten?

Edzard Reuter:

Das ist zwar eine beliebte, dennoch aber eine furchtbare These. Ich erinnere mich: Es gab auch zu Zeiten der Bankenkrise und der internationalen monetären Krisen – das ist noch nicht zehn Jahre her – Leute, die meinten, es muß erst den großen Crash geben, bevor wir das überhaupt in den Griff kriegen. Wenn es denn überhaupt einer Rechtfertigung für Demokratien bedarf, so ist eigentlich deren Aufgabe, zu handeln, bevor solche Krisen kommen. Das muß den Menschen aber auch gesagt werden. In den Unternehmen geschieht inzwischen genau das.

Eberhard Jäckel:

Einer meiner Kollegen in der Halbleiterforschung – er ist am Max-Planck-Institut und beklagt den Rückstand Deutschlands in dieser Hinsicht sehr – hat mich kürzlich gefragt, ob ich ihm Literatur über die Steinschen Reformen besorgen könnte. Und er sagte, dahinter stecke die Frage: Welchen Ausmaßes an erkennbaren Katastrophen – hier der Zusammenbruch Preußens bei Jena und Auerstedt 1806 – bedarf es, um Reformen in der Gesellschaft durchzusetzen?

Edzard Reuter:

Wenn wir von Befürchtungen reden: Meine größte persönliche Befürchtung ist ja, daß wir im Herbst 1994 in der Noch-Hauptstadt Bonn eine Situation bekommen, in der eine große Koalition aus numerischen Gründen erforderlich wird, weil es sonst keine anderen Mehrheiten mehr gibt. Es·gäbe nämlich nur eine wirkliche Rechtfertigung für eine solche große Koalition: Wenn sie sich die Aufgabe, die nur mit großer Kraft und mit Durchstehvermögen angepackt werden kann, wenn sie sich dieses als Alleroberstes auf ihre Prioritätenliste schreiben würde. Meine Befürchtung ist allerdings, daß genau dieses eben nicht passieren wird. Dann aber werden Wahlenthaltsamkeit und Protestparteien eher noch zunehmen. Auch insofern stellt sich also die Frage nach der Reformfähigkeit dieses Systems.

Eberhard Jäckel:
Eine Studie der Friedrich-Ebert-Stiftung hat kürzlich gefordert und Herr Scharping hat das aufgegriffen, daß der Umzug nach Berlin genutzt werden könnte, um diese Reform möglicherweise einzuleiten, indem man den schwerfälligen bürokratischen Apparat in Bonn läßt, in der Hoffnung, daß er dort vielleicht langsam zurückgeht, und die eigentlichen Entscheidungsministerien und -behörden verschlankt in Berlin neu ansiedelt.

Helmut Schmidt:
Diese Vorstellung ist mir selber auch immer geläufig gewesen. Man kann nicht alles nach Berlin verlagern. Daß es allerdings von selber abstirbt, den sanften Tod, diese Hoffnung kann ich nicht teilen. Man muß da schon noch nachtreten.

Edzard Reuter:
Was diese Studie meint, ist an sich eine absolut überzeugende Sache: In fast allen Ministerien gibt es einen Riesenbereich, der nichts als operative Durchführungsaufgaben macht und gar nichts mit Politik zu tun hat. Laßt das in Bonn und tut nur den oberen Level der Politikformulierung nach Berlin, dann habt ihr die Möglichkeit – ähnlich wie beim Bundesgesundheitsamt –, auch mal zu privatisieren oder aufzulösen. Nur, es ist eine von vielen Ideen, es muß wirklich ein Gesamtkonzept vorhanden sein. Dies wäre ein Beitrag unter vielen, nicht mehr.

Eberhard Jäckel:
Ein Gesamtkonzept muß da sein, das muß man erarbeiten. Sie haben vorher, Herr Schmidt, davon gesprochen, Sie würden

einen Minister beauftragen, sich nur mit der Vereinfachung von Verwaltung zu beschäftigen.

Helmut Schmidt:
Und ihm von vornherein versprechen als Bundeskanzler: Die Hälfte deiner Vorschläge setze ich mit dir gemeinsam durch.

Eberhard Jäckel:
Und wäre es ein Äquivalent, ein entsprechendes Ministerium oder eine entsprechende Stelle mit der Entwicklung von Zukunftsvisionen zu beauftragen?

Helmut Schmidt:
Nein, das mögen die Jäckels machen an den Universitäten.

Edzard Reuter:
Da gibt es sehr viele Institute, die sehr gut davon leben.

Eberhard Jäckel:
Aber einen Reformminister würden Sie ernennen?

Politik ein Personalproblem?

Helmut Schmidt:
Ich würde kein Reformministerium gründen. Ich würde eines nehmen, das nichts zu tun hat, nämlich das Bundesministerium für Wirtschaft, es würde zum ersten Mal seit langem von denen wieder was Vernünftiges kommen. Seit zweiundzwanzig Jahren ist dieses Ministerium in der Hand der F.D.P, und die meisten Namen der Minister, die jenes Haus geleitet haben, die haben wir mit Recht vergessen. Sie haben alle nicht viel getaugt, mit Ausnahme von Hans Friderichs. Das Wirtschaftsministerium würde endlich eine Aufgabe haben, und die Wirtschaft würde ihm helfen. Die großen Bosse würden alle sagen: »Gott sei Dank, jetzt mal endlich kein Papier über die Erhaltung der Standortqualität Deutschlands, wo hinterher keine Konsequenzen gezogen werden. Nun mach' mal! Ich

schlag' dir dies vor, ich schlag dir jenes vor!« Man kann öffentliche Preisausschreiben machen, kann die Bürgermeister der Republik auffordern ihnen zu sagen, was alles abgeschafft werden soll an Vorschriften, und nach einem halben Jahr muß das auf dem Kabinettstisch liegen. Dann hat der Mann sämtliche achtzehn Kabinettskollegen gegen sich, jeder immer in einem anderen Punkt, aber der Kanzler sitzt daneben und sagt: »Dies ist eine Richtlinie der Politik, das wird gemacht!« In manchen Fällen wird er sagen: »Das können wir nicht machen, das sehe ich ein.« Aber die Hälfte setzt er durch.

Eberhard Jäckel:
Können Sie das dem Kanzlerkandidaten Scharping zutrauen?

Helmut Schmidt:
Ich kann nur hoffen, daß er das kann.

Eberhard Jäckel:
Aber das ist am Ende doch, Herr Schmidt, ein Personalproblem?

Helmut Schmidt:
Ja, natürlich! Die ganze Politik ist ein Personalproblem.

Eberhard Jäckel:
Ich weiß nicht, ob Sie nicht die Strukturprobleme, die inhärent sind in der Struktur des Sozial- und Rechtsstaates, unterschätzen?

Helmut Schmidt:
Ich unterschätze sie gar nicht. Ich sage nur, durch Veränderungen der Institutionen erreichen sie nur wenig. Wenn der Mann an der Spitze nicht ungefähr weiß, wohin er will, dann werden ihm noch so intelligente Institutionen nichts nützen.

Eberhard Jäckel:
Und wie kriegen wir diesen Mann an die Spitze?

Helmut Schmidt:
Das ist ein Glücksfall der Demokratie.

Eberhard Jäckel:

Also am Ende gibt es keine Planung, sondern das Warten auf den Glücksfall?

Helmut Schmidt:

Mit Ihrer Planungsgeschichte haben Sie sich jetzt ein bißchen verrannt. Wissen Sie, es gibt unlösbare Probleme auf der Welt. Vor zweieinhalbtausend Jahren hatten die Griechen bereits eine hoch entwickelte Mathematik, und einer der Mathematiker hat versucht – und viele andere sind ihm gefolgt in dem Versuch –, eine Formel zu finden, wie man aus einem Kreis ein Quadrat macht – die Quadratur des Kreises. Jetzt, zweieinhalbtausend Jahre später ist das Problem immer noch nicht gelöst, obwohl man die größten Computer Kaliforniens darangesetzt hat. Es gibt unlösbare Probleme.

Eberhard Jäckel:

Den Historiker schreckt es immer wieder zu sehen, daß sich eine Reform fast nur über Katastrophen durchsetzt. Da Sie jetzt von Griechenland gesprochen haben, nehmen wir als Beispiel die perikleische Demokratie. Sie ist erst aus der ungeheueren Bedrohung Griechenlands durch die Perser und den schließlichen Sieg der Griechen in der Seeschlacht von Salamis entstanden.

Helmut Schmidt:

Wie lange hat die perikleische Demokratie gelebt?

Eberhard Jäckel:

Nicht sehr lange, aber die Idee lebt bis heute.

Edzard Reuter:

Aber, Herr Jäckel, ich habe ja viel Verständnis und Sympathie für diese historische Ableitung, die Sie da haben. Aber muß man wirklich aus diesen geschichtlichen Erfahrungen so weit zurückgreifend ableiten, daß es zum Schluß immer erst eine

Katastrophe sein muß, bis sich was ändert? Hat Demokratie nicht eine relativ große Kraft entwickelt?

Eberhard Jäckel:

Ich muß ja nun – glaube ich – wirklich nicht betonen, daß ich es nicht wünsche, daß die Reform nur auf dem Weg einer Katastrophe möglich ist. Daher kommt ja meine Überlegung, ob man nicht Risikoszenarien aufbauen kann, die dann einer vielleicht kleinen Anzahl von Menschen so weit einleuchten, daß sie den Drang zu Reformen verspüren. Daß aus der Angst davor, daß die Katastrophe eintritt, das Mittel entsteht, die Katastrophe zu verhindern.

Edzard Reuter:

Ich habe ja gar nichts dagegen, daß man Risikoszenarien entwickelt. Davon haben wir ja nun eine ganze Menge beschrieben, jetzt im Laufe dieses Gesprächs. Meine tiefe Skepsis richtet sich dagegen, daß man sich der Bewältigung dieser Risiken mit Schubladenplänen entledigen kann.

Eberhard Jäckel:

Sie sagen immer Schubladenpläne. Kann man nicht einfach ›nachdenken‹ sagen oder ›vordenken‹?

Drei Gründe für Europa

Helmut Schmidt:

Ich habe noch einen Nachtrag zu unserer Frage: Was soll aus Deutschland werden? Wir haben über einen gemeinsamen Markt und über die Europäische Union geredet. Mir liegt am Herzen, noch zwei Gesichtspunkte dazu nachzutragen. Unser wichtigstes Motiv als Deutsche ist es, dieses Land einzubinden, damit andere auf uns nicht übermäßig neidisch werden und sich verpflichtet oder veranlaßt fühlen, gegen uns zu koalieren. Es gibt daneben noch zwei andere wichtige Motive für die europäische Integration. Das eine ist dasselbe, welches heute die Finnen, die Österreicher und die Schweden und die politische Elite in Bern und die politische Elite in Oslo beitreten lassen möchte, nämlich die durch Erfahrung belegte Erkenntnis, daß der große Markt Vorteile hat für die daran Beteiligten. Englands Industrie hängt aus manchen Gründen hinter der kontinentalen her, daß sie sogar hinter der italienischen hinterherhinkt, hängt damit zusammen, daß die Italiener zwanzig Jahre eher in den gemeinsamen Markt eingestiegen sind und die italienischen Unternehmen die Vorteile genutzt haben, die der gemeinsame Markt bietet. Die Finnen und die Schweden und wie sie alle heißen möchten in den gemeinsamen Markt, weil sie alle begriffen haben, daß sie davon für ihre Völker ökonomische Vorteile herausholen, die es vorher in dem kleinen Markt oder in der EFTA so nicht gegeben hat. Und die Norweger und die Schweizer werden später folgen, wenn sie als einzige EFTA-Staaten nachgeblieben sind. Das ist eine Frage von zwei, drei Jahren. Das Motiv des ökonomischen Vorteils gilt auch für Deutschland. Wenn es die Europäische Union mit dem gemeinsamen Markt nicht gegeben hätte, wäre unser reales Durchschnittseinkommen nicht in dem Maße gestiegen, wie wir es tatsächlich erlebt haben.

Der zweite Gesichtspunkt ist – wie ich denke – gewichtiger. Wie ich schon gesagt habe, gibt es fünf Weltmächte: China, Rußland, USA, Japan und die Europäische Union. China spielt die nächsten fünf Jahre auf dem Weltmarkt noch eine kleine Rolle, obwohl sie gewaltig wächst. Rußland spielt gar keine Rolle auf dem Weltmarkt, sein Öl braucht keiner und sein Getreide auch nicht. Eine große Rolle im Weltmarkt spielen Japan und die USA, insbesondere, wenn die Nordamerikanische Freihandelszone wirklich funktioniert, was man noch nicht übersehen kann; im Augenblick ist es ein Papier, ein Vertrag, der allerdings ratifiziert ist. Wenn es die Europäische Union nicht gäbe, so würden wir Deutschen zwischen die Puffer USA und Japan geraten, ob es sich um Währungspolitik handelt, um Dollar, Yen, DM, ob es sich um Technologie oder um Handelspolitik handelt. Die ökonomische Macht der Giganten ist zu groß für uns, um allein auf uns gestellt mit ihnen konkurrieren zu können. Das soll man auch sagen. Es ist nicht mein Hauptmotiv für die Europäische Union, aber man soll es nicht verschweigen.

Wir haben also durch die Europäische Union drei Vorteile für Deutschland: Erstens den strategisch-außenpolitischen, daß Deutschland sich einbindet und daher nicht wieder, wie schon zweimal in diesem Jahrhundert, Koalitionen gegen Deutschland gebildet werden. Und zweitens und drittens die beiden ökonomischen Vorteile. Wenn man das weiß, dann kann und muß man auch sagen: Natürlich kostet uns das etwas. Wir müssen einiges in Kauf nehmen an Zugeständnissen bürokratischer Art, formaler Art oder gesetzlicher Art, und wir müssen selbstverständlich auch einiges mehr bezahlen als Portugal oder Griechenland. Das alles können wir gut ertragen. Aber die beiden auch für Deutschland großen ökonomischen Vorteile, nämlich nicht zerrieben zu werden zwischen zwei Giganten und den großen Vorteil des gemeinsamen Marktes, die darf man beide nicht verschweigen.

Edzard Reuter:

Es erscheint mir ganz wichtig, daß Sie das nochmal so eindeutig sagen.

Jeder ist verantwortlich

Helmut Schmidt:
Und noch eines möchte ich nicht verschweigen: Wenn ich das Staatsziel zu definieren hätte, so würde ich nicht von der inneren Ratio des Grundgesetzes und seiner Artikel 1 bis 19 abgehen. Ich würde dabei bleiben. Das Ziel ist, das Leben von achtzig Millionen Deutschen in Würde und Anstand und im Rechtszustande befindlich zu ermöglichen.

Edzard Reuter:
Zustimmung!

Eberhard Jäckel:
Damit sind wir uns am Ende vollständig einig. Ich habe immer gemeint, daß die Menschenrechte einen höheren Wert haben als die nationale Einheit.

Helmut Schmidt:
Ja. Aber es muß auch Pflichten geben. Und die stehen nicht im Grundgesetz, es steht dort nicht mal die Pflicht, Steuern zu zahlen – muß auch nicht, weil es selbstverständlich ist. Die einzige Pflicht, die im Grundgesetz steht, ist die Wehrpflicht, und die ist nachträglich eingefügt worden. Es ist die Aufgabe des Staates, Würde und Recht des einzelnen zu schützen, aber es ist die Aufgabe der Erziehenden, der Universitäten, der Buchverleger, der Politiker, der Fernsehleute, dem Volk beizubringen, daß jeder einzelne auch Pflichten hat gegenüber seinen Mitmenschen und daß das deutsche Volk Pflichten hat gegenüber den Nachbarvölkern, gegenüber den Nachbarnationen. Das kann man schlecht ins Grundgesetz schreiben. Das ist auch nicht notwendig. Es muß aber in die Köpfe reingebracht werden!
Es gibt in der Hamburgischen Landesverfassung – die ist drei

Jahre später in Kraft getreten als das Grundgesetz – einen mir immer wieder zitierungswürdig erscheinenden Satz. Da steht in der Präambel: »Jedermann hat die sittliche Pflicht, für das Wohl des Ganzen zu wirken.« Das ist eine sehr kurze Formel. Ich habe sie neulich im Gespräch mit Karl Popper erwähnt. »Ja, ja«, sagte er, »das ist aber eine Formel, die haben die Nazis sehr mißbraucht«. Er spielte an auf »Gemeinnutz geht vor Eigennutz«. Ihm wäre es lieber, es würde heißen: »Jedermann ist verantwortlich für die Folgen seines Handelns gegenüber dem Nächsten.« Und dann fügte Popper noch hinzu: »Es ist natürlich dasselbe.«